THE WITCH'S GUIDE TO MANIFESTATION
Copyright © 2021 by Rockridge Press, Emeryville, California

First Published in English by Rockridge Press,
an imprint of Callisto Media, Inc.
Todos os direitos reservados
Illustrations © 2021 by Tara O'Brien

Tradução para a língua portuguesa
© Verena Cavalcante, 2022

Diretor Editorial
Christiano Menezes

Diretor Comercial
Chico de Assis

Gerente Comercial
Giselle Leitão

Gerente de Marketing Digital
Mike Ribera

Gerentes Editoriais
Bruno Dorigatti
Marcia Heloisa

Editoras
Nilsen Silva
Raquel Moritz

Editora Assistente
Talita Grass

Adap. de Capa e Proj. Gráfico
Retina 78

Coord. de Arte
Arthur Moraes

Coord. de Diagramação
Sergio Chaves

Designer Assistente
Ricardo Brito

Finalização
Sandro Tagliamento

Preparação
Isadora Torres

Revisão
Retina Conteúdo

Impressão e Acabamento
Coan Gráfica

DADOS INTERNACIONAIS DE CATALOGAÇÃO NA PUBLICAÇÃO (CIP)
Jéssica de Oliveira Molinari - CRB-8/9852

Dylan, Mystic
  Guia mágico da bruxa / Mystic Dylan ; tradução de Verena
Cavalcante. — Rio de Janeiro : DarkSide Books, 2022.
  208 p. : color.

  ISBN: 978-65-5598-176-6
  Título original: The Witch's Guide to Manifestation

  1. Wicca 2. Ciências ocultas
  I. Título II. Cavalcante, Verena

22-1448   CDD 229.94

Índices para catálogo sistemático:
1. Wicca

[2022]
Todos os direitos desta edição reservados à

 DarkSide® *Entretenimento LTDA.*
Rua General Roca, 935/504 — Tijuca
20521-071 — Rio de Janeiro — RJ — Brasil
www.darksidebooks.com

MAGICAE APRESENTA

MYSTIC DYLAN

GUIA MÁGICO da BRUXA

A DESCOBERTA DO PODER

ILUSTRADO POR
TARA O'BRIEN

TRADUÇÃO
VERENA CAVALCANTE

DARKSIDE

Para todos aqueles que estão ingressando
no caminho da bruxaria e para todos
os que o seguiram antes de nós.

Aos meus pais, à minha avó, e aos meus
poderosos mentores e amigos, que sempre
me apoiaram e me encorajaram.

SUMÁRIO

Introdução 11

CAP. 1
Magia e Manifestação 15

CAP. 2
Onde a Mágica Começa 35

CAP. 3
Manifestação na Prática 47

CAP. 4
Métodos de Manifestação 71

CAP. 5
Lendo a Natureza 95

CAP. 6
Feitiços e Rituais Práticos 133

CAP. 7
Liberdade para Criar 171

Glossário 188
Referências Bibliográficas 191
Recursos Mágicos 192
Índice remissivo 200
Índice de feitiços e rituais 205

Manifestações

Se este livro acabou cruzando seu caminho, provavelmente foi por um bom motivo. Aliás, ouso dizer que você o manifestou de alguma forma. "Mas como?", você se pergunta. Vamos nos aprofundar nessa questão daqui a pouco. Por enquanto, saiba que está segurando nas mãos um tomo mágico, uma chave para desvelar os seus poderes e ajudar a alcançar tudo aquilo que você deseja. Pense neste livro como um guia mágico para a liberação de todo o seu potencial.

Estando consciente disso ou não, o fato é que você manifesta coisas o tempo todo. Você já não fez um pedido para uma estrela cadente? Já não jogou uma moeda em uma fonte enquanto fazia um desejo? Mesmo que não acredite que já tenha lançado um feitiço ou praticado magia, a realidade é que todos esses cenários são exemplos de magia folk*. Assoprar a vela de um bolo de aniversário enquanto mentaliza um pedido é outro costume bastante comum e, sendo assim, uma forma de magia. Deixando o ato em si de lado, até mesmo as origens dessa tradição são mágicas. Ela começou com os gregos antigos, que

---

* O termo *folk* é uma abreviação da palavra inglesa "folklore" e se refere a práticas folclóricas, costumes e tradições de um determinado povo ou região. [Nota da Tradutora, daqui em diante NT]

confeccionavam pequenos bolos redondos como oferendas para Ártemis, a deusa da lua. Esses bolos eram todos iluminados com velas, e preces e pedidos eram feitos no momento em que suas chamas se extinguissem, a fim de que a fumaça pudesse carregar consigo os pedidos, levando-os até a deusa. Sendo assim, tendo tudo isso como referência, posso apostar que você já fez um ou outro feitiço ao longo da vida.

Meu primeiro encontro com a magia começou bem cedo, durante a infância. Lembro-me de estar sentado no quintal da casa da minha avó, apreciando a vista das docas na Flórida, sentindo os zumbidos e as vibrações de outro reino. Se eu estreitasse meus olhos o suficiente, jurava que podia ver fadas flutuando acima da copa alta da árvore de uva-da-praia. Eu vivia brincando sozinho, conversando com amigos que eram invisíveis a todas as outras pessoas, menos a mim. Meus avós sempre incentivaram o meu amor à mitologia, assim como meus pais, que liam para mim histórias sobre reinos escondidos, deuses e deusas destemidos, e bruxas que podiam puxar a lua para baixo apenas com o murmurar de um cântico.

Em um dia auspicioso, mamãe me levou para uma loja de Los Angeles chamada Panpipes* (também conhecida como Pan's Apothika), onde conheci uma bruxa de verdade pela primeira vez. A dona, Vicky, mudou o rumo da minha vida para sempre. No momento em que a vi confeccionando uma vela, enquanto eu olhava ao redor, para tudo o que continha naquela

---

* "Panpipes", "As flautas de Pã", é uma referência direta a Pã, deus grego dos bosques, dos campos e das montanhas, um híbrido de homem com bode. Por ser um grande amante da música e usá-la para seduzir as ninfas, ele é sempre retratado levando consigo uma flauta. [NT]

loja, soube que nada seria como antes. Daquele dia em diante, eu leria todos os livros sobre bruxaria nos quais conseguisse colocar as mãos. Após anos e anos de estudos e de prática solitária, fui iniciado e me juntei a um coven — e a muitos outros covens depois deste.

Hoje, sou um praticante do que chamamos de bruxaria tradicional, uma prática calcada em registros históricos de julgamentos de bruxas, folclore e magia folk. Além disso, também incorporo elementos da minha própria ancestralidade nos meus trabalhos, a fim de honrar meus ancestrais cubanos, irlandeses, alemães, franceses e nativos-americanos. Os espíritos e as deidades com que trabalho sincretizam uns com os outros e me foram revelados por meio de sonhos e premonições.

Neste guia mágico, você aprenderá o que é a manifestação, como realizá-la, e como utilizá-la em conjunto com a bruxaria, com os feitiços e com os rituais. Ao longo da leitura, você encontrará correspondências e tabelas que auxiliarão os seus trabalhos e ajudarão na criação dos seus próprios feitiços. Vamos mergulhar juntos e fazer a mágica acontecer!

CAPÍTULO 1

Magia e Manifestação

> "A magia, de fato, está toda ao nosso redor; nas pedras, nas flores, nas estrelas, no vento da madrugada e na nuvem do crepúsculo. A única coisa que precisamos fazer é ter a habilidade de enxergar e compreender."
> — DOREEN VALIENTE —

Magia. A palavra em si estimula os sentidos e vibra com energia. É uma palavra que tem sido definida de múltiplas formas por todo tipo de gente ao longo dos séculos. Contudo, não é apenas uma palavra, mas sim um feitiço, um presente, e um espírito primordial, que tem estado conosco desde o início dos tempos. Nestas páginas você aprenderá como estabelecer uma relação entre a manifestação e a magia, dois conceitos obscuros que você em breve aprenderá a usar para seu próprio benefício.

Mas, afinal, o que é magia? E o que é manifestação? Como esses dois conceitos são parte vital da sua prática e da manifestação dos seus desejos? Para responder a essas questões, primeiro precisamos voltar alguns milênios atrás, para quando humanos, deuses e a natureza fizeram o seu primeiro pacto uns com os outros. Neste capítulo, você aprenderá não só a definição de magia, mas também a sua história e a sua conexão com a manifestação.

O que é magia?

Resumidamente, a magia é uma força do universo capaz de manipular energias e a natureza. É da própria natureza que ela vem e, assim como ela, a magia não é nem "boa" e nem "má". A sua existência — e o ímpeto de manipulá-la — nos acompanha desde o início da criação. Se for devidamente canalizada, ela pode ajudar a atingir os objetivos que você deseja. Ela pode ser usada para remover obstáculos, fazer com que você ganhe uma promoção no emprego, fortalecer seu relacionamento com o seu parceiro, atrair novos amigos e prover novas oportunidades financeiras. A magia, contudo, não pode fazer com que alguém levite, nem ressuscitar os mortos, e muito menos forçar alguém a se apaixonar por você. Ela foi feita para ser usada junto do trabalho físico e mundano, não no lugar dele. Por exemplo, se você quiser utilizar a magia para conseguir um emprego, você também precisará enviar o seu currículo para uma empresa. A magia não é capaz de conjurar um emprego do nada.

A essa altura, você talvez esteja se perguntando: *Bom, e quanto à bruxaria?* A bruxaria é a prática e o uso da magia. Só isso. Apesar do que a maioria das pessoas supõe, a bruxaria não é uma religião — ela é uma prática que pode, ou não, fazer parte da fé religiosa ou da espiritualidade de alguém.

Atualmente, o termo "bruxaria" quase sempre associado à Wicca, uma religião neopagã que surgiu na Inglaterra durante o século xx e foi apresentada ao público, em 1954, por Gerald Gardner. Entretanto, nem todas as bruxas são wiccanas. A bruxaria que eu pratico, por exemplo, e à qual me refiro nas páginas deste livro, não deve ser confundida com a Wicca, pois se assemelha muito mais à bruxaria tradicional e folclórica.

A bruxaria é o uso da magia para atingir um resultado desejado. A magia é uma força neutra, e a bruxaria é uma prática neutra. Isso significa que a bruxaria, assim como a magia, também não é nem "boa" e nem "má". Contudo, como qualquer instrumento, a bruxaria pode ser usada tanto com malícia quanto como ferramenta de cura. Ela é totalmente condicional, sujeita aos motivos de seu praticante. Por essa razão, você sempre deve estar certa de suas intenções ao lançar um feitiço. Também é muito importante mencionar que, assim como os conceitos de *bom* e *mau*, os termos "magia negra" e "magia branca" deveriam ser removidos do seu vocabulário. Eles carregam consigo muito estigma e conotações racistas, não sendo elementos integrantes da prática real da bruxaria.

Qualquer pessoa pode se tornar uma bruxa e seguir a prática da magia e da bruxaria. Embora não haja uma linhagem específica da qual você deva fazer parte, todos descendemos de ancestrais pagãos que praticavam algum tipo de magia folk no passado. A bruxaria está aberta a todos nós, independentemente de raça, credo, etnia, habilidade, orientação sexual ou identidade de gênero. Dentro da prática não há espaço para racismo, misoginia, homofobia, transfobia, xenofobia, capacitismo etc., pois essas visões e mentalidades desafiam a ordem natural da unidade e da igualdade aderida pela bruxaria e pela prática mágica.

As bruxas e os praticantes mágicos retiram suas energias da natureza. Alguns de nós escolhem trabalhar com deidades, embora outros não o façam. Por ser uma prática secular, a bruxaria não segue princípios dogmáticos ou religiosos. A magia e a bruxaria têm sido praticadas ao redor do mundo por milênios. Por isso, nem todas as bruxas seguem uma escola específica de pensamento. A cultura, a região, a história e as preferências pessoais moldam os diferentes aspectos da prática. Por exemplo, se você tiver uma forte conexão com as plantas, então o trabalho com as ervas e a magia da natureza podem ser mais adequados a você.

História e uso da manifestação mágica

A magia foi concebida no momento em que o homem acendeu a primeira fagulha que alimentou uma chama. A magia estava lá em 1500 a.c., quando a casca do salgueiro foi usada pela primeira vez como analgésico pelos antigos egípcios. A magia está presente quando uma criança nasce saudável no mundo.

A magia em si é quase um sinônimo da manifestação. A força do desejo humano e a habilidade aparentemente "miraculosa" de alcançá-lo trouxeram à luz a ideia de magia e manifestação. Hoje, estamos mais familiarizados com o termo "lei da atração", mas essa ideologia só foi totalmente concebida após o século XIX, enquanto a manifestação faz parte de muitas práticas antigas e filosofias orientais. Embora ela não recebesse esse nome na Antiguidade, o conceito era quase sempre referenciado em manuscritos budistas e textos cristãos.

Na cultura ocidental, a crença e a prática da magia moderna se originam predominantemente das crenças e religiões keméticas (antigos egípcios), greco-romanas, célticas e judaico-cristãs.

A raiz da palavra *magia* (do grego: *mageia*; do latim: *magia*) vem da antiga palavra grega *magoi*, que se referia a uma tribo Média da Pérsia e à sua religião, o zoroastrismo. Durante a era greco-romana, acreditava-se que os mágicos possuíam conhecimentos misteriosos e que podiam canalizar poder por meio de deidades, espíritos e ancestrais de antigos panteões, uma crença e uma prática que sobreviveram e têm lugar no neopaganismo, na Wicca e nas práticas de bruxaria tradicional. Muitas tradições associadas à magia no mundo moderno se originam de uma fascinação direcionada a crenças e costumes antigos e estão entremeadas com a necessidade de proteção contra feitiçaria, espíritos, fadas ou bruxas. O fato de os feitiços serem escritos, murmurados ou clamados em voz alta deu origem ao conceito de manifestação, à ideia de que "palavras têm poder".

No fim do século XIX, devido a diversos autores, acadêmicos e filósofos vitorianos, a manifestação passou a ser vista como uma pseudociência. Helena Blavatsky, uma autora e filósofa russa que estava envolvida no movimento espiritualista e se interessava profundamente por ocultismo, foi a chave para trazer o conceito de manifestação para o meio convencional.

Blavatsky viajou pelo mundo estudando diferentes ensinamentos metafísicos e ganhou a reputação de ser uma pessoa dotada de dons espirituais extraordinários. Ela se aprofundou em antigas cerimônias religiosas, rituais e tradições para escrever um livro chamado *A Doutrina Secreta*. Muito do que ela acreditava coincide com aquilo que hoje chamamos de "lei da atração". Ela argumentava que nossas opiniões sobre nós mesmos e nossa própria identidade são coisas que definem quem somos e do que somos capazes. Thomas Troward, outro autor do século XIX cujo trabalho acredita-se ter influenciado amplamente muitas monografias contemporâneas sobre a lei da atração, incluindo o best-seller *O Segredo*, foi descrito por muitos acadêmicos modernos como um "cristão místico". Graças a esses dois autores, muitos escritores e espiritualistas do século XX publicaram visões únicas sobre o conceito da manifestação nas décadas seguintes. A maioria deles ilustrava suas crenças utilizando exemplos de sucesso dentro de suas próprias vidas.

Hoje, a manifestação e a magia são dois conceitos com os quais já estamos muito bem familiarizados. Enquanto o conceito de manifestação é, em essência, sobre manipular energia de forma a atingir resultados específicos, associá-lo à magia acrescenta um poder extra para abastecer as nossas intenções. A manifestação é o instrumento que molda as nossas realidades internas e externas. E agora, nesse momento, o conceito está tendo sua própria magia redescoberta.

Como a manifestação acontece?

A bruxaria é o uso intencional de magia sustentada pela tradição e pelo folclore. A tradição e o folclore, contudo, são conceitos distintos para cada indivíduo, pois se baseiam em localidade, experiência de vida e ancestralidade. Em geral, a prática da magia envolve oferecer a si mesmo um ponto focal natural para se relacionar com o que está ao seu redor e adquirir uma visão intencional sobre a própria vida.

Você e eu somos pontos no tempo — somos eventos. A magia, por sua vez, é uma característica do evento que é a sua vida. Ela pode alterar o modo como ele acontece. A forma como você vai escolher usar a magia é particular. Porque você está oferecendo um ponto focal para o seu evento na magia, você está automaticamente fornecendo a ele uma espécie de tema. Esse tema nos dá a ideia do que buscar no mundo material e nos ajuda a encontrar uma energia que nos atraia tudo aquilo que mais desejamos.

Você deve ter ouvido falar da ideia de estar em uma frequência vibracional que ressoe de maneira positiva com outros aspectos do universo. A energia está diretamente ligada às nossas emoções. Tenho certeza absoluta de que você já deve ter encontrado alguém cujas energias lhe pareceram atraentes ou extremamente repelentes. A magia da manifestação se dá por meio do acesso a essas energias que comandam os nossos desejos.

Parte disso surge da ideia de magia simpática (ou imitativa) — uma busca inconsciente para encontrar estímulos correspondentes, estímulos estes que só encontramos quando os procuramos de forma ativa. Um dos motivos de se ter um foco mágico é abrir uma porta para a magia simpática das relações, a fim de aprendermos uma nova maneira de enxergar o mundo. A forma como você vê o mundo está intrinsecamente conectada com a energia que você oferece ao estímulo que você aceita. Você vai mostrar o dedo do meio para aquele motorista péssimo no trânsito ou vai deixar para lá, uma vez que tenha percebido o seu número da sorte estampado na placa do carro dele? Talvez você prefira o caminho do meio e tente enxergar as coisas de forma neutra. Por exemplo, o seu dedo do meio pode simbolizar o 1, e o motorista imprudente talvez também tenha o número 1 na placa do carro dele, o que faria todo o sentido se o seu número da sorte fosse o 11. Brincadeiras à parte, o pensamento positivo nos permite acessar uma magia mais positiva, e a magia positiva sempre manifesta o bem nas nossas vidas, enquanto o contrário, o pensamento negativo, manifesta energias ruins nas nossas vidas e nas vidas daqueles para os quais oferecemos esse tipo de vibração.

Métodos não mágicos de manifestação

Tudo o que é mundano é inevitável e necessário, por isso, a manifestação é muito mais que uma prática mística; ela tem suas raízes calcadas na realidade, na maneira como escolhemos viver. A jardinagem, por exemplo, é uma forma muito literal de manifestação produtiva. O jardineiro é uma espécie de alquimista, combinando conhecimento com a prática ritual do tempo, da semeadura e do cuidado para manifestar plantas férteis. Independentemente do que desejamos manifestar, é importante saber que isso exige intenção e cuidado, como cultivar plantas em um jardim. Coisas como quadros de visualização, anotações diárias, visualizações, personificações, o uso de uma roda do foco ou simplesmente proferir a sua intenção são maneiras de deixar o universo saber o que você gostaria de manifestar e aproximá-la de seus desejos. Se não houver um jardim físico para tratar, encontre outras maneiras de fomentar a manifestação de suas intenções.

QUADRO DE VISUALIZAÇÃO

Esta é uma forma poderosa de criar a estética de seus desejos. Lembre-se que seu quadro de visualização será sempre individual e diferente do quadro de outra pessoa, mesmo se vocês estiverem tentando manifestar a mesma coisa. Há muitas maneiras de reunir uma coleção de imagens direcionadas para o seu objetivo, como por meio de uma montagem. Essa técnica fornece uma quantidade de imagens inspiradoras e significativas e que também servem como lembretes daquilo que queremos, para nos remeter ao lugar onde estamos ou ao lugar no qual desejamos chegar. Os quadros de visualização devem ser mantidos em locais de bastante movimento da casa, como no alto de um armário, perto de uma porta, ou até mesmo no banheiro, se faltar espaço. Os quadros de visualização nos ajudam a pensar sobre nossos objetivos e nos permitem vê-los diariamente. Assim, nós ficamos mais propensos a tomar atitudes que os coloquem em movimento.

Reserve um tempo para fazer o seu quadro de visualização! Imprima fotos, corte figuras de revistas e separe a cola e a fita adesiva. Não se sinta intimidada e tente não pensar demais sobre os quadros de outras pessoas. Isto é sobre o que os seus objetivos representam para você. Uma vez que tenha reunidos imagens, palavras, formas e frases que acredita resumirem bem o seu objetivo, coloque-as todas sobre o quadro e decida onde cada uma vai ficar posicionada. Uma vez que estiver satisfeita com o visual, comece a colar ou a prender os elementos com um alfinete por todo o quadro.

ANOTAÇÕES DIÁRIAS DE INTENÇÃO E GRATIDÃO

Nossos pensamentos precisam ir para algum lugar. A maioria de nós nem sempre diz tudo o que vem à mente. Afinal, às vezes os nossos sentimentos e os nossos pensamentos pertencem apenas a nós mesmos. Por isso, a prática de fazer anotações em um diário pode nos ajudar a nos sentirmos ouvidos pela pessoa que mais precisamos: nosso Eu interior. O ato intencional de anotar desejos e palavras de gratidão em um diário comunica ao nosso Eu interior que aspectos das nossas vidas precisam ser modificados. Sempre considere quais coisas fazem com que você se sinta grata, esteja aberta para convidar mais coisas boas a adentrarem sua vida, além de como os seus desejos de manifestação irão melhorar as coisas. Optar por registrar esses pensamentos em um diário fornece um ponto tangível de referência para o seu próprio mundo interno, pois, de certa forma, ele se tornará um mapa escrito da jornada dos seus sonhos.

Reflita sobre todas as coisas pelas quais sente gratidão, como eventos, pessoas, paisagens, aromas, sons e sentimentos. Escreva ao menos cinco coisas pelas quais se sente profundamente grata. Então, pense sobre aquilo que deseja mais ardentemente e anote esse pedido de forma simples. Agora, vamos escrever uma história. Ela pode ser simbólica ou realista, você decide, mas faça de conta que a está escrevendo para sua criança interior. O objetivo presente nessa história será o seu objetivo no mundo real, embora, se achar necessário usar uma metáfora, use-a para criar uma ambientação fantástica.

Pense sobre todos os detalhes que empolgariam sua criança interior. Do que ela tem medo? Como você pode ajudá-la a superá-lo enquanto inclui a gratidão em sua narrativa? Sua história pode ter uma ou muitas páginas.

VISUALIZAÇÃO

Todos os seus sentidos podem auxiliar no processo de visualização. A visualização é uma estratégia para criar um tempo e um espaço próprios dentro de sua mente. Ela é um refúgio e um lugar de antecipação onde você pode criar o mundo da forma como gostaria que fosse. Isso pode ajudar a ter uma ideia mais clara daquilo que você deseja e o que precisa fazer para alcançar esse objetivo. Esse processo deve ser relaxante, produtivo e meditativo. Se você quer ganhar o Emmy, visualize-se recebendo esse Emmy, não apenas a cerimônia pomposa do prêmio. Essa forma de pensar adiante é um jeito de se preparar para a realização de desejos futuros.

Crie seu próprio lugar, dê a si mesma um espaço para respirar, feche os olhos, relaxe e imagine o design do local onde você mais gostaria de estar nesse momento. Comece com um quarto vazio. Se seu lugar ideal for ao ar livre, imagine-se removendo as paredes ao seu redor e se jogue na natureza. Coloque janelas e portas onde desejar. Tenha quantas janelas quiser — você pode optar até por uma claraboia. Então, comece a encher o seu espaço, talvez com objetos familiares. Se quiser ter tecnologia ali, pense no ruído gentil da eletricidade, ou então, o contrário: no som de plantas se movendo gentilmente com a brisa que adentra de uma janela aberta. Pense: como é lá fora? Qual é a sensação de tocar a mesa onde os seus objetos estão dispostos? Há algum tapete, piso, areia ou grama no chão? Nesse lugar tudo é possível. Permita-se ficar aqui por quanto tempo quiser, imaginando cada detalhe, como o cheiro das velas perfumadas que você gostaria de acender nesse espaço. Quando se sentir pronta para voltar ao mundo material, imagine-se saindo da porta, ou descendo por um caminho que leva para fora. Escreva sobre esse lugar ou fale sobre ele em voz alta para si mesma, a fim de acessá-lo mais facilmente no futuro.

OUTROS MÉTODOS

É claro que esses não são os únicos métodos de manifestação disponíveis, eles são apenas os mais comuns; contudo, como indivíduos, sabemos o que funciona para cada um de nós. Algumas pessoas, por exemplo, seguem um método chamado de "reprogramação mental durante o sono", o que permite que você vivencie os seus desejos enquanto dorme. Outros usam declarações, que podem ser tanto para alcançar metas a curto quanto a longo prazo. Outra opção é a visualização em terceira pessoa, algo que nos permite ter uma ideia de como gostaríamos de ser no nosso dia a dia. Há também a possibilidade de escrever cartas para o seu Eu do futuro, como uma forma de projeção futura a fim de conseguir direcionamento do local no qual você gostaria de chegar. Você também pode tentar desenvolver seus próprios métodos ao se focar naqueles pelos quais sente uma maior atração.

LEI DA ATRAÇÃO

A lei da atração é uma filosofia metafísica que transmite energia aos pensamentos. Nossos pensamentos geralmente trazem direcionamento aos nossos sentimentos. Por isso, devemos acessar pensamentos positivos para sentir coisas positivas e atrair energia positiva. Contudo, embora a lei da atração possa parecer simples à primeira vista, é preciso muito trabalho pessoal para dominá-la. Aqueles que apreciam os aspectos mágicos da vida podem chamar isso de "trabalho da sombra", o que se refere à árdua e íntima tarefa de que você necessita para seguir adiante. Não só a lei da atração exige de nós que façamos correções e reajustes à nossa voz interna, como também à nossa voz externa. Para mudar uma coisa é preciso conhecê-la, portanto, conhecer o seu Eu de forma crítica é uma maneira de dissecar as suas experiências.

Livrar-se da descrença é especialmente necessário, já que isso é um fator limitante. Ao longo da vida, escutamos que a magia não era algo real, por isso, para nos abrirmos para a possibilidade de alcançar nossos sonhos e incorporar o trabalho com feitiços dentro da nossa manifestação, precisamos eliminar padrões limitantes de pensamento.

Uma vez que façamos isso, podemos criar a verdadeira mágica. A lei da atração é, de certa forma, o ingrediente mundano e invisível da feitiçaria. Então, parte do seu dever de casa e parte da sua prática devem ser dedicadas a ter fé em si mesmo e em sua própria magia. Você é um ser mágico, por isso, é tempo de se perguntar o que a está impedindo de se sentir merecedora dos seus objetivos. Aprendendo a remover esses bloqueios, você aprenderá a agir de forma mais rápida e confiante diante das oportunidades que seus trabalhos mágicos possam atrair. Além disso, nada aproxima e conecta pessoas de pensamentos parecidos tanto quanto saber quem você é e como pretende se comportar no mundo.

Este livro é um guia para o caminho da manifestação. A magia é parte da sua história, portanto, se desejar incluí-la em seu processo de manifestação e cura, esta obra mostrará a você maneiras maravilhosas de continuar fazendo isso. As coisas que a lei da atração exige de nós são ingredientes necessários para o contentamento, independentemente de suas qualidades mundanas ou mágicas.

A lei da atração nos diz que a positividade e a negatividade são vistas de modo diferente por cada pessoa; portanto, o que pode ser positivo para você, pode ser negativo para outra pessoa, e vice-versa. Os sonhos são muito importantes. Pense nos detalhes dos seus e como o que você deseja afeta o mundo ao seu redor. Sonhe grande, mas adapte esses sonhos com gentileza, considerando o bem-estar e a subsistência dos outros. Algumas pessoas sonham em ser grandes empresárias ou políticos, o que pode criar mudanças massivamente positivas ou negativas na vida de terceiros. Isso também deve se aplicar a donos de negócios grandes e lucrativos. Lembre-se: os seus sonhos devem apresentar não só uma oportunidade de viver como você deseja, mas também de ser uma força positiva no mundo.

Psicologia

Um grande amigo meu costuma dizer, "Se você encontrar dois idiotas num só dia, olhe no espelho para encontrar o terceiro". É uma frase bastante sábia e profunda, embora um pouco profana. A lei da atração sempre exige de nós que mudemos de perspectiva. Talvez a atendente daquele café só parecesse estar tratando você mal porque teve um dia ruim e estava exausta. Todos nós já passamos por um momento em que tínhamos boas intenções, mas quase nenhuma energia para ter uma interação positiva com alguém. Talvez a pessoa que cortou seu carro no trânsito fez isso por acidente, tendo um daqueles momentos paralisantes de pânico social que todos já experimentamos na estrada. Tudo depende da forma como decidimos enxergar o que aconteceu no momento.

Permitir que a atendente do café ou o motorista imprudente despertem uma reação negativa em nós só leva à experiência de mais negatividade, porque então a vibração passa a ser emitida. Ou seja, como um resultado direto, aquela pessoa pode se tornar mais negativa, o que cria um ciclo eterno de mais negatividade e mais respostas negativas.

A pessoa positiva ou neutra não fica ruminando constantemente sobre o que aconteceu de ruim; ela não fica entre a cruz e a espada. Isso permite que ela esteja mais abertas a oportunidades, já que não estão gastando as próprias energias se enfurecendo com o passado ou esperando que uma situação horrível aconteça no futuro. Ela se atenta ao momento presente. Por isso, saiba que o único obstáculo que você precisa transpor é o seu próprio cérebro.

É da natureza humana ter uma certa inclinação à negatividade — isso ocorre devido às nossas experiências de vida. Temos maior propensão a nos lembrarmos de eventos negativos do que de eventos positivos, pois é assim que nossos cérebros nos mantêm a salvo dos perigos. A maioria de nós vive em relativa segurança — não somos caçados por animais e não precisamos procurar por comida —, então, de certa forma, essa inclinação à negatividade serve apenas para nos desconectarmos das outras pessoas. Traumas causados por terceiros também afetam nosso julgamento e mudam a forma como enxergamos pessoas que fazem parte de nossas vidas e das quais precisamos a fim de nos sentirmos mais completos e felizes. Afinal, a maior parte dos humanos não sonha em viver como um eremita em uma floresta e se esvair silenciosamente até desaparecer (mas se esse é o seu sonho, tudo bem também).

A manifestação exige que nos direcionemos àquilo que está nos segurando, propõe que observemos profundamente nossa negatividade e percebamos tudo o que está nos limitando de alguma maneira. Portanto, agradeça e se despeça de tudo aquilo de que não precisa mais. Você merece se curar; a manifestação ocorrerá quando você decidir que também merece seguir adiante.

Ciência

Nós experienciamos um nível de consciência sobre o mundo ao nosso redor o tempo todo. É por isso que algumas pessoas parecem mais sintonizadas ao presente ou a pequenos detalhes da natureza; seus cérebros estão mudando a forma como se focam e que informações devem apreender. No mundo de hoje, recebemos informações vindas de todas as direções. Para exemplificar, vamos usar o ato de dirigir. É necessária uma quantidade passiva de informação sobre o que está acontecendo atrás de você e ao seu lado, no entanto, de certa forma, você só absorve ativamente o que está acontecendo diante de você. Há lugares específicos aos quais você deve direcionar sua atenção e maneiras vantajosas de receber estímulos. Se você parar para prestar atenção nas partículas de poeira presentes no para-brisas enquanto estiver dirigindo, você pode acabar se distraindo, mas se perceber a poeira no momento em que estiver limpando o carro, você terá a chance de deixá-lo brilhando.

Quando o seu cérebro processa esses estímulos enquanto você está dirigindo, ele o faz para garantir que você não sofra um acidente e se machuque. Por isso, ele estará atento a detalhes muito específicos para que você continue a salvo atrás do volante enquanto ignorará detalhes desnecessários e distrativos. Quando estamos ao ar livre, na natureza, e nos sentimos atraídos pelo som dos chocalhos de uma cascavel, mas não pelo chiado das folhas ao vento, isso ocorre porque nossos cérebros estão inconscientemente buscando por sons que nos mantenham seguros. A lei da atração, por sua vez, ensina o inconsciente a buscar aquilo que queremos. Ao fazer isso, ficamos mais ligados ao que estamos procurando para as nossas vidas.

Sendo assim, da mesma forma como aprendemos a tomar cuidado com pessoas que estejam usando o celular ou bebendo ao mesmo tempo que dirigem, também podemos nos aperfeiçoar para alcançar as coisas que desejamos atrair, porque, na realidade, estaremos apenas observando aquilo que já está ali. A questão é somente o que escolhemos perceber. Tudo já está presente, então decida aquilo que quer enxergar. De qualquer forma, estaremos a salvos, afinal, nós já somos fantásticos em predizer situações negativas.

CAPÍTULO 2

Onde a Mágica Começa

Neste capítulo, você aprenderá para quem é a magia, quem pode praticá-la e como ela pode auxiliar no seu caminho espiritual. Você também aprenderá alguns exercícios que ajudarão a estabelecer uma conexão com a verdadeira magia que vive dentro de todos nós. Lembre-se que ela é um elo entre nós; não há apenas um tipo de magia, e não existe jeito certo ou errado de praticá-la.

Coloque-se em uma posição livre de julgamentos enquanto estiver lendo este capítulo. A sua singularidade é uma coisa poderosa, e aqui, pediremos que você confronte situações dolorosas que talvez estejam bloqueando sua ligação com a sua profundidade universal. Claro que não há forma certa ou errada de explorar suas profundezas — acessar o próprio interior é algo mágico por si só. Contudo, conforme for aprendendo a se conectar melhor consigo mesma, você descobrirá que a própria conexão mágica se torna uma ferramenta ainda mais poderosa. E por quê? Simples, porque você é pura magia.

Quem pode praticar a magia?

Qualquer um pode praticar a arte da magia. Ela não é hereditária e não é exclusiva de certas sociedades, grupos ou comunidades. Todos podem acessar a magia. Porém, enquanto o conceito dela é universal e está disponível para todos nós, a sua prática envolve múltiplas variáveis que não estão necessariamente abertas a qualquer pessoa. Muitas se dividem em fé de base, região e crenças religiosas. Além disso, a magia também exige prática, dedicação e aperfeiçoamento. Pode fluir facilmente para algumas pessoas e ser mais difícil de acessar para outras. Contudo, a magia é instintiva e quase sempre atrai seus praticantes por meio de uma conexão magnética natural.

O desejo de aprender a magia exige não só uma certa quantidade de autodescoberta, mas também uma sede de conhecimento que levará seu praticante a estudar tópicos relativos ao ocultismo e ao esoterismo. Muitos ritos e rituais poderão ser descobertos e usados na sua prática particular. Entretanto, outros podem ser exclusivos de determinadas culturas ou então exigir uma iniciação. Por exemplo, a Wicca é uma religião que exige muita dedicação e o estudo de um ano e um dia antes de ser iniciado em um coven. A santeria, o vodu, a obeá, o hudu e a brujeria, por outro lado, são religiões de culturas específicas que não devem ser realizadas por qualquer pessoa. Dito isso, este livro não engloba todas as tradições, focando-se especificamente na magia e suas manifestações e não pretendendo limitar ou ditar como você deve praticar a sua arte.

Toda jornada mágica é diferente e será influenciada por todo tipo de coisas — desde a cultura em que você está inserida até suas experiências de vida. Não há duas jornadas semelhantes, por isso, tenha em mente que a sua merece o mesmo respeito que você dedicará às das outras pessoas. Sua vida já é parte de sua prática mágica; agora, tudo o que você precisa é aprender a fazer a magia acontecer. Embora isso também possa parecer mundano, aprender sobre diferentes aspectos da magia é um passo importantíssimo do processo. Lembre-se sempre: conhecimento é poder.

Começa com você

Fazer magia pode ser uma bagunça. Não precisa ser algo esteticamente agradável e, definitivamente, não é algo que você vai dominar da noite para o dia. Então, deixe o feed do Instagram de lado e pare de julgar sua prática tendo como base uma foto que alguém tirou (provavelmente mais vezes do que praticou aquele feitiço). Isso não é magia; é marca. Sua mágica não vai se parecer com a de ninguém, a menos que você se dedique a isso, o que não é, de forma alguma, a melhor forma de honrar a pessoa que você é. Tire um tempo pra pensar no que você mais aprecia sobre a sua magia e a sua espiritualidade. O que é que a deixa eufórica dentro da sua prática?

Não se limite. Observe outras formas de bruxaria. Talvez você descubra que tem uma ligação com alguma deidade específica. De que panteão ela é? Que civilizações a idolatraram? Esses são só alguns dos componentes que enriquecerão a sua arte.

Embora a aprendizagem seja uma parte enorme do fortalecimento da sua prática, você não precisa aderir a tudo que algum livro específico disser para fazer. Lembre-se que a descrição e prática do seu próprio universo sempre será diferente da minha e, por causa disso, podemos aprender novas formas de magia uns com os outros.

Sua jornada mágica é um processo de descoberta focado em você, portanto, parte dessa autodescoberta envolve reflexões acerca de conflitos internos que tenham sido previamente reprimidos. Agora é a hora de encará-los. O seu Eu mágico está aguardando do outro lado das narrativas negativas que você criou para se proteger contra as mudanças. Entendemos que sair da negação e quebrar com essa percepção seja algo difícil; é um processo contínuo e árduo, mas também uma necessidade, e ele deve ser feito para que você possa seguir com sua própria vida e mergulhar mais profundamente no mundo espiritual. Há várias maneiras de mergulharmos no universo interno a fim de encontrarmos o nosso Eu mágico.

AUTOCONSCIÊNCIA

Enxergar a nós mesmos como realmente somos pode ser uma experiência chocante. Somos mais que nossos pensamentos. Somos pessoas completas com um leque de experiências exuberantes, e ainda assim, somos iguais a todo o mundo. A autoconsciência é uma ferramenta poderosa para o caminho da autoaceitação. Ela pode nos ajudar a nos sintonizar com os nossos sonhos. Afinal, não é todo mundo que sabe o que quer. Algumas pessoas vivem a vida sempre fazendo o que acham que as outras pessoas querem que elas façam. Caso você esteja buscando por aceitação externa antes de encontrar a aceitação interna, talvez esse seja o momento de voltar os seus olhos para o espelho.

É importante conhecer as suas falhas, mas é igualmente importante reconhecer todos os detalhes maravilhosos sobre você mesma. Afligir-se sobre tudo o que deseja mudar em si não ajuda no processo de enxergar a pessoa fantástica que você é. Se estiver moldando os próprios sonhos para receber a aceitação das outras pessoas, é hora de repensar e idealizá-los de acordo com o que realmente a faz feliz. Talvez a pressão externa tenha colocado você em um caminho no qual não se sente encaixada, mas no qual se sinta livre de julgamentos e preconceitos. Contudo, caso seja esse o caso, chegou a hora de se libertar das obrigações de tomar para si os desejos que outras pessoas jogaram nas suas costas; o primeiro passo para a libertação é enxergar as coisas como elas são.

> *Você é mais que uma coleção de memórias; você é este exato momento. Sente-se em silêncio. Agora você irá apenas prestar atenção nos pensamentos que surgirem na sua mente. Sua mente pode querer reagir a*

esses pensamentos, mas tente impedi-la. Apenas perceba-os e deixe-os partir. Esses pensamentos não são você; eles são parte da forma como você processa a sua existência no mundo, mas não necessariamente são eles que fazem você ser quem é. Preste atenção no que está fazendo — se está em pé, sentada em uma cadeira ou sentada no chão. Note a forma como sua garganta preenche o seu pescoço e como suas pálpebras descansam sobre os seus olhos. Isso é você. Se você sorrir, esse sorriso será tímido ou amplo? Quando pensa em um sorriso, você pensa no sorriso de quem? Deixe esse pensamento flutuar aí dentro, não se pergunte o porquê ainda, apenas permita que os pensamentos aconteçam. Após ter tido esse tempo silencioso consigo mesma, escreva sobre sua experiência. Se alguma coisa chamou sua atenção, esse processo de escrita será uma boa hora para descobrir o porquê. Seja honesta consigo mesma; você é a pessoa que mais merece esse gesto.

AUTOACEITAÇÃO E AMOR-PRÓPRIO

Ao praticarmos a autoconsciência, talvez não gostemos de tudo o que foi descoberto. E tudo bem. Provavelmente, você também não gosta de todos os detalhes de cada pessoa que você conhece. Acredito que você também não se apegue aos defeitos das pessoas ou as considere pessoas ruins apenas por causa deles. Então, por que você seria tão dura consigo mesma? Ofereça um toque de graça a você mesma pelos pensamentos transitórios que experiencia ou pelos padrões insanamente altos que você se impõe, sabendo que sempre irá falhar. Essa voz interna que a faz sentir desprezível não é quem você é. Portanto, em vez de se preocupar com o que as outras pessoas estão pensando de você, reconheça que elas provavelmente a enxergam de uma maneira similar à qual você as vê.

Amor e aceitação são duas coisas que oferecemos àqueles com quem nos importamos. Por isso, quando não cuidamos de nós mesmos, não podemos nos oferecer nem aceitação e nem amor. Você é merecedora de amor e cuidado. Assim, essa jornada de realização é sua, apenas sua, mas quase sempre envolve a desconstrução de uma narrativa de negatividade que ninguém além de nós mesmos enxerga em nós. A autoaceitação é um caminho; é a neutralidade do "Eu sou isso". O amor-próprio é a jornada, o movimento em direção ao caminho da aceitação, os momentos de autocuidado nos quais você quebra a barreira da autodepreciação.

É hora de trabalhar com o espelho. O conceito de autoaceitação pode parecer falso, um slogan, e estar desconectado da realidade, mas isso só ocorre porque a nossa realidade foi moldada tendo como base ideias negativas sobre nós mesmos. Encher-se de positividade não vai lhe parecer algo natural ou certo em um primeiro momento, mas essa prática é uma forma de autocuidado. Considere um exercício diário.

1 *Ao acordar de manhã, diga, "Bom dia, (seu nome)!".*

2 *Após levantar, vá até o espelho, olhe-se nos olhos e diga outra vez, "Bom dia, (seu nome)! Eu amo você, (seu nome)!".*

3 *Sorria para si mesma, ainda que precise se esforçar e que isso lhe pareça algo pouco natural na primeira vez.*

Se conseguir fazer isso todos os dias por um mês, você estará no caminho certo. Não desista! Se esquecer do exercício algum dia, faça-o no dia seguinte, ou antes de dormir. Troque "bom dia" por "boa noite". Lembre-se sempre de dizer "eu te amo" para si mesma todos os dias.

AUTODESCOBERTA

O descobrimento é algo muito divertido. Pense em você como uma aventura, e que esse é o momento de explorar todas as suas facetas ao máximo. Você é uma pessoa de pensamento matemático ou alguém muito criativo? Considera-se um espírito livre? Talvez você seja um indivíduo que adora um pouco de conforto. Todos esses detalhes incríveis são sobre você e, mesmo assim, você continua crescendo; às vezes, pode ser até mesmo um desafio acompanhar todas as nuances de quem você é. Inclusive, podemos nos deparar com níveis de profundidade que mal começamos a acessar.

Talvez você descubra que aprendeu a se focar no trabalho melhor do que antes, que consegue realizar suas tarefas ainda mais rápido. Isso pode ser algo novo, pode ser que você não fosse capaz de fazer isso antes. Este é só um exemplo de como evitamos nos agraciar com a crença de que somos pessoas capazes. Por vezes, optamos por olhar para outro lado, ignorando nossas habilidades em detrimento de uma negatividade que sempre nos mantém no mesmo lugar ou nos torna dependentes da aceitação de outras pessoas.

A autodescoberta pode ser um processo desconfortável quando percebemos que realmente temos mais valor do que costumamos acreditar. Algumas vezes, decidimos nos negar esse valor, porque esse tipo de poder traz mudanças inevitáveis. Embora mudanças sejam boas e façam parte da vida, e você seja feita exatamente dessas mudanças, a ideia de mudar pode ser aterrorizante para algumas pessoas. A jornada de autodescoberta depende da autoaceitação e do amor-próprio. Ao praticá-la, você também estará se amando.

Contudo, não há uma maneira de se conhecer; apenas esteja aberta e evite acessar a narrativa da negatividade só porque já está acostumada com ela. Vai dar tudo certo; você já tem tudo de que precisa: você mesma.

> *Às vezes, quando o assunto é autoconhecimento, não somos especialistas, o que nos presenteia com uma oportunidade de nos conhecermos a fundo. Nós somos nossos melhores amigos, nossos colegas de brincadeiras mais próximos, um receptáculo de multidões. Por isso, leve-se a um encontro. Vá a algum lugar romântico e cheio de natureza, como uma praia ou outro corpo d'água (a água auxilia na comunicação). Analise o seu ambiente externo e interno. Escreva como se sente sobre qualquer coisa ou qualquer um que chame sua atenção, então se pergunte por que você se sentiu tão atraída. Será que trouxe alguma lembrança específica? Ou foi a experiência de algo completamente novo? Enxergue essas anotações como se elas fossem sua apresentação para outra pessoa. Do que você mais gostou na forma como sua parceira (você mesma) enxerga o mundo?*

Por que a magia?

A magia nos reconecta aos nossos ancestrais, ao nosso Eu mais elevado, aos nossos entes queridos (vivos ou mortos), que nos oferecem orientação e aconselhamento. A magia é coletiva e particular. Todos os dias, nós nos envolvemos com forças mágicas sem sequer percebermos, da mesma forma como a manifestação acontece mesmo se não dermos um nome para ela.

Por que você está fazendo uso da magia? O que o seu coração deseja?

A magia nos ajuda a nos elevarmos dos problemas mundanos e nos oferece uma nova perspectiva sobre as coisas que nos rodeiam. Ela é uma recompensa de oportunidade universal. A magia aprofunda a nossa conexão com a natureza — a natureza da qual viemos — e nos ajuda a relembrar que somos carne e osso e parte de algo extremamente fantástico. Ela deve ser usada quando nos sentimos reprimidos e limitados. Está aqui para nos apoiar quando nos sentimos desesperançosos. Ela também está aqui para celebrar a esperança que está por vir. Ela nos dá conforto quando nos sentimos sozinhos e o senso de comunidade quando estamos em grupo.

A magia é a profundidade da nossa visão espiritual; ela cria a sombra e a luz que definem o mundo pelo qual caminhamos. Ela altera tudo o que é mundano e o transforma em símbolos e aconselhamentos ancestrais. Ela encontra sentido em lugares nos quais ele não parecia existir.

A empatia, de certa forma, é um tipo de magia, uma mágica que utilizamos para nos conectarmos uns com os outros e com nós mesmos. Em um musical, as personagens começam a cantar para expressar sentimentos que um monólogo talvez não conseguisse alcançar, com tons, variações e poesia que possam não parecer naturais na fala como soam na música. Pense que a magia é a música e que você é o ator. Então, permita-se cantar. Não há razão para conter a emoção que alimenta a sua magia. Ela está ali e está lhe dizendo para transmitir uma mensagem que apenas você pode emitir.

Mas por que a magia, se o mundo pode ser explicado por meio de ciências práticas e tangíveis?

Para os antigos, magia e ciência eram sinônimos. Por alguma razão, nós nos separamos dessa ideia e desenvolvemos uma visão metódica e crítica do mundo. Podemos dar à ciência a compreensão da alma mágica se considerarmos nossa conexão com o universo. A natureza e a ciência caminham de mãos dadas; a ciência nos oferece limites, enquanto a magia oferece o simbolismo. De certa forma, a ciência fornece a moldura do quadro, enquanto a pintura é a arte da magia.

Que ideias a impediram de praticar a magia antes? Por que você decidiu se conter dessa forma? A magia não é o trabalho do diabo, e, menos ainda, domínio de conceitos dogmáticos. A magia oferece libertação a todos que se encontram à margem da sociedade. Então, eu pergunto novamente: Por que a magia? Ué, e por que não?

CAPÍTULO 3

Manifestação na Prática

Antes de nos debruçarmos nos mistérios da manifestação e da magia, devemos primeiro estudar e dominar as questões básicas. Este capítulo abordará a importância de definir suas intenções, de encontrar o seu centramento, o aterramento, escudos e blindagem, assim como fazer uso de rituais.

Embora os praticantes da magia devam fazer modificações a fim de que ela se encaixe melhor em seus propósitos, inicialmente, o básico é o suficiente para fornecer uma ótima estrutura. Rotina, tradição e ritualística podem não parecer coisas muito empolgantes à primeira vista, mas são necessárias e têm sido praticadas há séculos por muitas bruxas, feiticeiros, xamãs e espiritualistas muito bem-sucedidos. A maioria dos feitiços que se originaram na Antiguidade costumam exigir que o seu praticante seja não apenas aterrado, mas também que saiba realizar os próprios rituais. Leia mais sobre esses pressupostos mágicos cruciais para aprender como manifestar de forma segura e fácil.

O básico

A prática da manifestação é a arte de invocar aquilo que você deseja, focando-se nesse desejo, acreditando que ele seja verdadeiro a fim de que realmente se torne realidade. Embora o conceito em si possa parecer simples, é importante lembrar que tudo — especialmente envolvendo a magia — exige preparação e planejamento específico antes de ser executado. As regras podem mudar baseadas na prática específica que você optar por seguir, no feitiço ou ritual que se decidir a usar para dar suporte à sua manifestação e naquilo que desejar manifestar.

Se estiver alinhando sua fé a uma tradição específica, você pode escolher utilizar a sabedoria e as técnicas dessa fé quando estiver realizando os seus atos de manifestação. No reino da magia e da bruxaria há dois tipos de práticas: "baixa magia" e "alta magia". Estes são dois termos guarda-chuva muito usados para cobrir uma ampla gama de práticas mágicas.

A baixa magia se refere a qualquer tipo de prática mágica que não precisa do uso de um ritual ou cerimônia. Esse conceito é encontrado predominantemente na magia folk, na qual seus praticantes usam ferramentas comuns e ingredientes em vez de rezas, círculos ritualísticos e ritos sagrados. Também conhecida como "magia prática" pelos praticantes modernos da arte, na baixa magia não é preciso nada além do seu próprio desejo e um punhado de materiais para que a magia funcione. A baixa magia é usada em especial para coisas mais tangíveis, pessoais e que possam acontecer mais rapidamente. Ela pode ser utilizada para curar, amaldiçoar, alcançar ganhos financeiros ou atrair um amor.

A alta magia, por outro lado, exige um certo nível de comprometimento e dedicação. Na maior parte das vezes, ela deve ser usada quando os objetivos ou desejos parecem intangíveis e têm relação com iluminação espiritual ou uma conexão com o divino ou o sobrenatural. A comunicação com os espíritos e com deidades, guias espirituais, anjos, demônios etc., quase sempre demanda o uso de rituais mais complexos, como um círculo mágico, alguma forma de sacrifício ou oferenda e o uso de palavras ou cânticos. Os rituais existem para que consigamos imbuir nossos feitiços com os nossos desejos.

Ao incorporar a magia e o trabalho com feitiços na prática da manifestação, é muito importante pensar sobre nossos objetivos e quanto esforço você acha que será necessário para conseguir realizá-lo: quanto maior a meta, mais energia e magia serão necessárias para atingi-la.

Na Wicca, por exemplo, você descobrirá que muitos feitiços e rituais devem ser realizados em dias ou fases lunares específicas. Isso está ligado ao simbolismo das estações do ano e às horas planetárias, que têm um papel muito especial dentro da bruxaria. Você também perceberá que muitos feitiços podem exigir itens nem sempre fáceis de adquirir. Fazer substituições ou mudanças realistas é aceitável. A sua prática não precisa ser travada ou inflexível; mas pelo menos no começo é necessário seguir as regras à risca, até ter conhecimento suficiente para moldá-las: trocar uma lua cheia por uma segunda-feira, uma mandrágora por alecrim e etc.

PRATICANDO A MAGIA DE FORMA RESPONSÁVEL

Como já mencionado anteriormente, não existe magia branca ou magia negra. Esses conceitos são racistas, ultrapassados e, já que estamos sendo sinceros, extremamente bregas. A natureza é neutra, e fora das religiões abraâmicas, não há necessidade de se rotular as coisas como boas ou más. A natureza simplesmente nos encoraja a usar o senso comum. Uma cobra não é diabólica apenas por ter picado alguém; a pessoa foi picada porque estava no caminho da cobra, ou então a machucou ou a assustou, mesmo sem ter percebido. Então, na verdade, a natureza apenas pede que você preste atenção. Ouvir o mundo ao seu redor é o primeiro passo para uma manifestação realmente poderosa. Apenas ouça e seja honesta consigo mesma. Ser real é sobre ter raízes fincadas na realidade, reconhecendo-a e se movimentando pelos pontos altos e pontos baixos com muita consciência. Você merece a experiência.

Na bruxaria, você é o seu próprio juiz, o júri e o carrasco. Dito isso, se você decidir fazer algo contra alguém por meio de feitiços — como amaldiçoar uma pessoa ou tentar influenciar o livre-arbítrio dela —, precisará enfrentar as consequências de seus atos. A natureza tem um jeito engraçado de criar equilíbrio. Por mais que ela seja manipulada, ela sempre retorna ao equilíbrio, por isso, você precisa garantir que ele volte a seu favor. Antes de começar qualquer prática mágica, sempre se pergunte: "Isso vale a pena?".

Pensando nisso, vamos falar da magia do amor como um perfeito (e clássico) exemplo de um ir e vir de caprichos e vontades. Se alguém não estiver interessado em você, mas você escolher forçar, com ajuda da magia, um relacionamento com essa pessoa, você realmente acha que a relação progredirá ou funcionará para qualquer um dos lados? Não. Sugerir que alguém seja perfeito para você, por isso ou por aquilo, e que não estejam juntos apenas porque esta pessoa não está apaixonada por você não é algo nem verdadeiro e nem justo. As pessoas têm o próprio livre-arbítrio, e isso é uma força mágica humana. Não se deixe consumir pela ilusão de que a sua magia é mais forte que a de outra pessoa, de forma que ela possa ser moldada ou quebrada por você. Mesmo que a magia ceda de início, em algum momento ela vai se quebrar, e a força da vontade do outro logo vai se fazer evidente. E, o que é pior, essa pessoa pode vir a se fechar por completo, ou tornar-se totalmente obcecada por você da maneira mais perturbadora e desconfortável possível.

A principal lição é que você nunca deve manifestar levando em consideração apenas a influência do seu próprio ego, sem se importar com o livre-arbítrio, os desejos e os limites alheios. A manifestação é, na verdade, um processo de autodescoberta e de honestidade brutal. Os seus objetivos sempre devem fazer sentido. Lembre-se que nem todo mundo vai se tornar um bilionário como Jeff Bezos, nem de maneira natural e nem de forma mágica, mas é possível trazer mais prosperidade e abundância para a própria vida por meio de feitiços, a fim de iniciar o seu próprio negócio ou viver a sua própria vida com algum conforto.

Intenções

Se você não sabe o que quer, como vai conseguir o que deseja? Às vezes, a intenção significa encontrar aquela coisa pela qual você é apaixonada antes de começar a manifestar o processo de se tornar ainda mais envolvida por ela. Embora isso seja meio difícil de ouvir, se a sua intenção for apenas, por exemplo, "ganhar dinheiro", você precisa ter um *como*. Esse *como* é uma questão-chave na sua intenção. Na verdade, quando estiver estabelecendo suas intenções, você deve refletir sobre a hierarquia das circunstâncias: "quem", "o que", "quando", "onde", "por que" e "como". Esses são questionamentos que sempre devemos fazer quando pensamos no primeiro indício de um plano, porque, por mais que alguns deles sejam maravilhosos e possam parecer perfeitamente alcançáveis, outros são irreais ou autodestrutivos.

Em momentos nas quais nossas intenções não estão alinhadas com nossos verdadeiros desejos ou com a realidade, devemos questioná-las de forma construtiva para aprender a manejá-las melhor antes de seguir adiante.

Quem? Quem está envolvido nisso? Quem você gostaria de se tornar? Quem é o seu eu ideal?

O quê? Essa pergunta pode ser difícil. É criar música? É trabalhar com vendas? É sair de férias? É optar por se tornar uma dona de casa?

Quando? Pense na forma como o tempo geralmente funciona e estabeleça seu objetivo de maneira realista. Se estiver tentando se tornar mestre na guitarra, você precisa ter o discernimento de que isso não acontecerá em um mês, embora, claro, seja possível ter descoberto alguns acordes neste período.

Onde? Pense sobre seu destino realista e seu destino mágico. Para onde ele a levará fisicamente? E espiritual e emocionalmente?

Por quê? Essa pode ser uma pergunta desafiadora, pois sempre somos estimulados a operar mudanças nas nossas vidas, como se simplesmente fosse parte do processo. Questionar-se sobre a razão de sua intenção não significa que você deva desistir caso se depare com algumas verdades pesadas e dolorosas; significa apenas que você deve sempre se dedicar aos seus verdadeiros desejos e necessidades.

Como? Ação. Paciência. Manifestação.

No que diz respeito às intenções, lembre-se sempre que você não está apenas fazendo um desejo. Muito menos fazendo um pedido. Estabelecer uma intenção é fazer uma declaração, indicar um fato que virá a se tornar realidade. O astrólogo e vidente francês, Nostradamus, sabia disso muito bem. Ao anotar suas profecias, essencialmente, ele as manifestava. Da mesma forma, com a manifestação mágica, você deve ser o seu próprio oráculo, sua própria fonte de honestidade.

Então, vamos praticar uma intenção que costumo estipular a mim mesmo quando estou estudando, lendo por prazer ou fazendo móveis: *Eu lerei todo este livro e seguirei a fundo as instruções.* Perfeito. Acredito totalmente que você consegue, pode e deve. Lembre-se que, com o tempo, você se tornará mestre em manifestações. Continue estudando, continue lendo e continue manifestando.

> *Escreva suas intenções em um pedaço de papel. Preste atenção para que seja uma declaração direta. Então, segure o papel nas suas mãos, feche os olhos e visualize aquilo que deseja manifestar. Imagine a manifestação acontecendo bem à sua frente. Como será sua vida depois disso? Concentre-se nos detalhes. Depois, dobre o papel três vezes e imagine que ele é uma semente. Enterre-o no seu quintal ou em um vaso de plantas. Ao cultivar essa planta, você estará nutrindo aquilo que deseja manifestar. Lembre-se da sua intenção todas as vezes que observar a planta ou que entrar no seu quintal. Com o passar do tempo, imagine sua intenção florescendo como uma bela flor.*

Centramento

Encontrar o próprio centro de equilíbrio é uma necessidade em nossas vidas, algo que você pode praticar regularmente sem nem mesmo ter a percepção disso. A forma como você respirou profundamente antes de fazer uma apresentação na frente da sala de aula toda? Isso é encontrar o seu centro de equilíbrio. É se encontrar entre ondas revoltas no meio do oceano e poder dizer, com toda a confiança: *Eu estou aqui e tudo o que preciso fazer agora é remar.* O centramento é como reunir toda a energia que circunda seu corpo e trazê-la para o seu núcleo, a sua essência.

Esse encontro com o seu centro é essencial, tanto na vida quanto na manifestação. Ele nos ajuda a nadar para longe da dissociação que pode vir em conjunto à depressão, à ansiedade e ao estresse. Achar o seu centro nos desperta para o "agora" do nosso corpo. Dar a si própria completo acesso à toda a energia presente no seu ser é algo necessário no trabalho com feitiços; afinal, a magia demanda muita energia.

Pense na sua essência como uma bateria. Ela se carrega, ou se drena, conforme você se move pelo mundo. Dê-se tempo para descobrir o que lhe dá energia. O que recarrega sua bateria? Pode ser qualquer coisa, como nadar, dançar, ficar imóvel, respirar fundo, ou mesmo ler. No entanto, outras atividades, como ler notícias ruins compulsivamente ou passar tempo com certas pessoas, podem sugar sua energia. Você deve aprender a reconhecer o que faz bem e o que faz mal às suas energias. Especialmente quando diz respeito às pessoas — membros da família, amigos, amantes ou colegas de trabalho. Afinal, saber quem a energiza e quem a vampiriza permite que você esteja consciente de suas intenções sobre como e quando passar tempo com certas pessoas e quanta energia você receberá ou perderá ao fazer isso.

Você também pode depender de fontes externas, ou atividades estruturadas, para encontrar esse ponto de equilíbrio. Um certo tipo de música faz com que você se sinta calma e revigorada? Sons relaxantes podem ser uma ótima forma de acessar a energia do núcleo do seu corpo. Por outro lado, se você achar difícil ou desafiador entrar em contato com o seu âmago ou canalizar suas energias de forma intencional, a meditação, mesmo que por apenas alguns minutos por dia, pode ajudar. A meditação nos auxilia a nos sentirmos presentes no mundo.

Lembre-se, você é a única pessoa capaz de ativar a sua energia e compreender como ela funciona, pois ela é uma parte única de você. A energia é diferente para cada pessoa, assim como os métodos de encontrar o seu centro de equilíbrio. Ela é diversa e especial, por isso, será descrita de maneira diferente sempre que você conversar com alguém sobre ela. Ao achar o próprio centro, o objetivo não é ter uma experiência parecida com a de outra pessoa, mas sim sentir algo totalmente diferente do normal. Nesse momento, você estará se conectando com o mundo e com o seu próprio corpo, acessando a habilidade de manifestar sua magia particular.

Encontre um lugar confortável, privado e silencioso na sua casa que esteja limpo e arrumado. Se escolher o seu quarto, escolha um lugar no chão ou no centro da sua cama. Deite-se e coloque a mão esquerda sobre o seu estômago. Respire profundamente pelo nariz e solte pela boca. Ao fazer esse exercício de respiração, sinta o seu estômago se mover sob a sua mão. Ao exalar o ar, empurre-o suavemente. Seus ombros, peito e pescoço devem ficar imóveis enquanto você respira. Ao se sentir mais confortável e encontrar uma cadência respiratória, tente imaginar-se puxando toda a energia de diferentes partes do seu corpo para o centro do seu coração/peito. Você pode fazer isso apenas visualizando um foco de luz sendo emitido do seu tórax. A seguir, imagine que seu coração é uma bateria e que ele se recarrega ao sugar energia de diferentes partes do seu corpo, como as pontas dos seus dedos das mãos, dos dedos dos pés, da cabeça etc. Quanto mais o seu centro for carregado, mais em equilíbrio você se tornará. Faça esse exercício sempre que tiver uma tarefa importante, como falar em público, fazer uma apresentação ou participar de um evento social ou esportivo.

Aterramento

Praticar o aterramento é entrar em contato com a realidade. Isso nos ajuda a lembrar de que somos reais e merecemos reconhecer o nosso lugar no mundo. Isso não significa que o mundo terreno não seja inerentemente mágico — afinal, a vida é mágica —, pois devemos reconhecer a magia divina em atos como comer, tomar banho, ou mesmo ao alongarmos nossos corpos. Todos esses atos caracterizam uma espécie de aterramento. O aterramento é uma celebração rejuvenescedora do evento que é a nossa existência. Ele nos conecta ao elemento terra e faz com que nos sintamos protegidos e estáveis. Uma ligação ao mundo físico pode nos trazer alegria, e oferece uma visão da nossa atual abundância, permitindo que nós vejamos com maior clareza novas portas para conseguir ainda mais abundância. Há diversas maneiras de praticar o aterramento, mas uma das minhas favoritas envolve indulgências intencionais, como comer bolo e tomar cerveja. Os rituais podem drenar a sua energia, portanto, oferecer a nutrição que seu corpo não só precisa, como também merece, propicia um momento de regozijo, em vez de cair em um descontentamento cansado.

Algumas pessoas decidem que devem estar sempre no plano astral e usar suas imaginações incrivelmente vívidas para se manterem sempre distantes do aterramento. Elas desejam tão profundamente ser talentosas e espiritualmente evoluídas que farão qualquer coisa; como se convencerem de que estão sendo guiadas pelo espírito da ama de leite de Tutancâmon enquanto vestem um muumuu* e compram cristais suficientes para encher uma piscina de cinco metros de profundidade. Algumas dessas pessoas podem estar tão "no mundo da lua" que são facilmente coagidas a participarem de ideologias que possam ser perigosas para elas mesmas e para o mundo ao redor. Estar ancorado ao mundo terreno permite que façamos o máximo que podemos no aqui e no agora. Enquanto a reencarnação é uma possibilidade, devemos dar a essa vida o respeito que ela merece, estando presentes sempre que possível, explorando o mundo espiritual apenas quando nos sentirmos seguros e estivermos prontos para nos conectarmos.

---

* Vestido tradicional havaiano de corte largo, geralmente colorido ou estampado. [NT]

Encontre um espaço silencioso onde você possa estar só. Sente-se em uma cadeira e coloque os pés com firmeza no solo. (Faça isso descalça.) Feche os olhos e respire profundamente, inspirando pelo nariz e exalando pela boca. Após dedicar alguns momentos para se focar na respiração, feche os olhos e imagine que esteja sendo puxada para o chão por uma força magnética gigantesca. Começando pelos pés, imagine que uma bola de luz branca esteja subindo dos seus pés para os joelhos, depois até sua pélvis, seu peito, pelo seu pescoço, e chegando até a base do seu crânio. Ao visualizar essa luz branca se movendo por todo o seu corpo, imagine que você se torna mais estável, como se fosse uma árvore e seus pés fossem as raízes que a conectam à terra. Ao visualizar essa luz branca na base do seu crânio, imagine que uma corda esteja presa à sua cabeça e ela se estenda rumo ao paraíso. Ao sentir um puxão, deixe sua postura ficar mais ereta. Imagine-se sendo puxada em direções opostas — aos céus acima e à terra abaixo. Como no dito mágico, muito comum na bruxaria e no ocultismo: "O que está em cima é como o que está em baixo".

Escudos e blindagem

Está chovendo pesado lá fora e você precisa sair de casa para começar o dia, mas não quer se ensopar e pegar um resfriado. Tem um guarda-chuva bem ao lado da porta. Você vai usá-lo, não é? Por que não usaria? Os escudos e a blindagem na magia são algo muito similar a usar um guarda-chuva em um dia chuvoso. O guarda-chuva vai proteger da chuva, assim como o escudo vai proteger você de outros aspectos da realidade. Às vezes pode ser difícil achar paz, e esse método pode nos defender de pensamentos negativos. Mesmo que você tenha muito com que se preocupar, passar tempo se preocupando não vai ajudá-la a seguir adiante de forma produtiva. Quando você está tentando dormir, preocupar-se sobre algo que possa ou não acontecer, em um conjunto de circunstâncias imaginárias, é algo que ajuda a realizar o seu objetivo? Você vai cair no sono mais rápido? Pois é, acho que não.

Nossos cérebros estão sempre muito ocupados, em todos os momentos de cada dia, alertando-nos sobre perigos em potencial. Mas eles nem sempre se comportam como nossos melhores amigos quando se trata de filtrar práticas ou pensamentos negativos. Sabendo disso, você pode oferecer ao seu cérebro algumas ferramentas para que você continue segura, mas também seja capaz de reconhecer pensamentos, sentimentos e práticas que não a machuquem de forma alguma. Práticas de blindagem podem aquietar o alvoroço de uma mente trabalhando da melhor maneira possível para proteger você. Esse método dá à sua mente a oportunidade de se defender sem se importar com a complicada série de mensagens sobre alguma ruína imaginária que possa tentar invadi-la.

Essas energias, sentimentos e espíritos negativos que estão grudados em você podem ser expulsos com a prática da blindagem — e sua mente agradecerá. É muito mais fácil se focar se você não estiver sofrendo um ataque espiritual. É importante lembrar que, quando algo está fora do controle e se trata de uma questão não física, então ele, na verdade, não está nos controlando.

Proteger a si mesma é a melhor coisa que você pode fazer se estiver se sentindo paralisada de medo ou incerta daquilo que você realmente deseja. A sensação de segurança a colocará em um estado de prontidão para realizar a sua manifestação mágica. Seus sentimentos manifestarão uma realidade, portanto, se eles estiverem presos em coisas inúteis que estejam acontecendo ao seu redor — sejam elas reais ou imaginárias —, essas energias podem atraí-las para você. Tudo bem se sentir nervosa antes de uma manifestação e acabar tendo alguns pensamentos negativos, mas você deve ter em mente que essas questões são muito menos factuais que a declaração da sua manifestação mágica. Você não estará em um acidente de carro, você não vai cair de um lance de escadas, você não vai ser possuída por uma entidade, seu melhor amigo ou seu companheiro não vai ser infiel apenas porque você está tentando manifestar coisas boas para a sua vida. O escudo e a blindagem são o ato intencional de dizer a si mesma que você está manifestando a proteção dentro da sua realidade. Quanto mais você propiciar a si própria a manifestação da proteção, mais fácil será a manifestação de outros tipos de ideias e desejos.

Antes de mergulhar no exercício de blindagem, pense sobre aquilo que deseja manifestar. O quanto isso é importante para você? Isso é algo que você realmente quer que aconteça? Com a sua manifestação bastante nítida em mente, imagine todas as forças externas que possam afetar e distrair de alcançar o seu objetivo. Agora imagine um círculo de luz azul envolvendo seu corpo, criando uma barreira ao seu redor, separando-a fisicamente do mundo exterior. Isso também é conhecido como "traçar o círculo". Você pode usar o seu dedo indicador para desenhar um círculo no ar ao redor do seu corpo, visualizando uma luz azul saindo da ponta dos seus dedos das mãos conforme traça o círculo. Ao traçar o círculo, vocalize que deseja expulsar quaisquer distrações, espíritos ou influências negativas. Invoque os seus guias espirituais, suas deidades ou os ancestrais com os quais você trabalha, convidando-os para o círculo a fim de auxiliá-la na sua manifestação. Invista em um anel de hematita, ou outra joia ornamentada com essa pedra, para ajudar no escudo, a fim de protegê-lo de influências exteriores que possam interferir na sua manifestação.

Adivinhação

A adivinhação é algo a ser feito antes de tentar a manifestação. Ela fornece a você a oportunidade de conferir consigo mesma se o que deseja manifestar é de fato possível. A adivinhação em si é a prática de buscar conhecimento com o uso da intuição, da comunicação, das habilidades psíquicas, do aconselhamento de deidades e guias espirituais e por meio de ferramentas mágicas. Por séculos, a adivinhação tem sido o componente-chave no qual as pessoas se apoiam para tomar decisões, como quando um rei busca conselhos antes de uma batalha, um fazendeiro deseja saber como serão suas colheitas ou alguém jovem quer saber as possibilidades de concretização de um relacionamento com a pessoa que está cortejando. Há muitas maneiras de praticar a adivinhação que podem ajudá-la a descobrir se seu desejo é alcançável ou merece ser perseguido. Pense na adivinhação como o instrumento que dará o sinal verde ou a confirmação que você precisa para se debruçar no trabalho necessário para a manifestação dos próprios desejos.

Cartas de tarô, por exemplo, são um ótimo começo. O tarô é um sistema fixo, por isso oferece uma resposta clara e definitiva a todas as perguntas que você fizer. O pêndulo é outra ferramenta perfeitamente adequada para descobrir possíveis resultados de sua manifestação. A incorporação de métodos divinatórios à sua magia e prática, sobretudo no que diz respeito à manifestação, é algo relevante e que auxiliará no afinamento daquilo que você deseja transformar em realidade. Se você não receber resposta alguma, ou tiver o palpite de um resultado negativo, confie na sua descoberta e repense aquilo que pretende manifestar. Pergunte-se: *Isso é uma coisa realista? É algo pelo qual eu deveria esperar? Será que vale todo o meu esforço?* Se a adivinhação lhe oferecer presságios, obstáculos ou avisos, tire uma pausa para refletir sobre sua manifestação.

Você também pode usar os métodos divinatórios para pedir por assistência a fim de atingir o seu objetivo. Talvez você nem mesmo precise usar a magia. Talvez você perceba que só precisa conversar com uma pessoa específica ou esperar por certo tempo antes de conseguir aquilo que almeja.

A adivinhação não deve ser usada apenas para adquirir conhecimento sobre sua manifestação. Ela também deve ser utilizada para buscar informação sobre eventos, relacionamentos, oportunidades de carreira e questões espirituais futuras. Ao praticar a adivinhação, pense sobre como você está fazendo parte de uma arte milenar, praticada por diferentes civilizações há milhares de anos.

A magia não reside apenas no baralho de tarô ou em outros instrumentos que você escolha usar para a adivinhação; a magia reside em você. Há múltiplos métodos divinatórios, alguns deles, inclusive, muito obscuros, enquanto outros são extremamente populares. Você sente uma conexão maior nas cartas de tarô? Não? Então tente o pêndulo. O pêndulo não está funcionando? Experimente os dados.

Aprenda a explorar práticas divinatórias diferentes para ver qual delas lhe oferecerá o melhor aconselhamento. Você pode descobrir que se sente atraída a diversos tipos de ferramentas. Sinta-se livre para explorá-las. Não se surpreenda se terminar combinando várias práticas conforme for se familiarizando mais profundamente com a adivinhação. Muitos praticantes de magia usam diversos instrumentos durante a mesma sessão de leitura. Escolha o que funcionar melhor para você.

Rituais

O ritual é uma prática ou costume praticado de forma sagrada. Em geral, é feito regularmente, como uma tradição. O ritual é uma maneira de causar movimento energético que facilitará ao praticante imergir nesse fluxo, impulsionando-o à manifestação. Claro que nem todos os rituais são idênticos, podendo existir rituais distintos para diferentes trabalhos e feitiços. Eles variam de prática para prática, dependendo da religião ou da fé seguida pelo praticante. Enquanto não há forma certa ou errada de realizar um ritual, há regras e diretrizes que definitivamente devem ser levadas em conta.

Alguns aspectos da manifestação podem não exigir um ritual. Se você estiver realizando baixa magia, por exemplo, como ao criar um talismã ou amuleto, talvez você não precise fazer um ritual antes. Eles são geralmente realizados em dias específicos considerados sagrados dentro de certas crenças. Também podem ser feitos ao longo de vários dias. Por exemplo, a Lupercália, que ocorre do dia 13 ao 15 de fevereiro, é um antigo feriado romano que celebra a fertilidade, a revitalização e o amor. Sendo assim, nesses dias específicos, rituais e feitiços de amor, sexo e fertilidade são executados.

Os rituais podem ser incorporados ao nosso dia a dia para potencializar a prática mágica. Eles não precisam ser longos ou elaborados; podem ser tão simples como tomar um banho ou acender um incenso. Claro que, ao se desenvolver dentro da sua prática, você escolherá diferentes métodos ritualísticos, o que pode se tornar parte de suas tradições individuais. Um banho ritualístico, por exemplo, é ótimo para se purificar antes de qualquer ato espiritual ou mágico. Na bruxaria helênica, banhar-se era uma maneira de se limpar de miasma, a energia estática que nos faz mortais. Ao realizarmos uma limpeza ritualística, estamos nos tornando espiritualmente mais puros e, portanto, mais dignos do que é divino. Essa limpeza remove energias mundanas que possam se infiltrar e poluir fisicamente os nossos corpos, afetando-nos emocional, mental e espiritualmente. A água em si é uma ferramenta mágica, e não só como condutora para o outro reino, mas também como removedora de impurezas.

Após uma purificação, escolha vestimentas selecionadas com cuidado e usadas unicamente para os seus rituais. Isso pode ser tanto um roupão ou uma capa, quanto uma camiseta extragrande com calças de pijama. Lembre-se apenas de que você se sentirá mais conectada ao ritual se estiver se sentindo o mais confortável possível. Então, continue com o processo de purificação, limpe seu espaço com incensos elaborados com propriedades protetoras e purificadoras, ficando à vontade para combinar diversos deles, se quiser. Algumas combinações úteis são mirra e olíbano, rosa e sangue-de-dragão, sálvia e erva-doce.

Muitas bruxas têm o seu próprio altar, um espaço sagrado. Os rituais podem consistir em oferendas para os ancestrais, as deidades e os guias espirituais com os quais você trabalha. Se ele for apenas para conexão espiritual, e não com a intenção de fazer magia, separe um tempo dentro do ritual para a meditação. Por fim, sempre encerre os rituais agradecendo aos quatro elementos, aos guias espirituais, às deidades, aos ancestrais, aos espíritos, então remova a vestimenta designada aos rituais. Essa é uma maneira de colocar limites positivos entre o ritual e a sua vida terrena.

Após a prática

Após um ritual ou um feitiço, você pode sentir suas energias drenadas. Esperar pelos resultados da sua prática mágica, além disso, pode deixá-la muito impaciente. Por isso, esse é o momento de cuidar de você mesma. Coma algo delicioso, fazendo-o de maneira intencional, a fim de que esse ato a ajude no seu aterramento. Tome um banho relaxante, acenda uma vela, ou use uma varinha de selenita para limpar a sua energia. Agora é a hora de se recompensar por todo o trabalho feito. Tenha certeza de que se sente merecedora desse cuidado real e prático de que seu corpo e sua mente precisam — esta é uma necessidade absoluta e faz parte do processo de manifestação. Seu corpo é o seu primeiro ponto de contato com todas as coisas, tanto espiritual quanto fisicamente. Seja gentil com ele, nutra-o, e, se preciso, retome os exercícios de gentileza e amor-próprio.

A manifestação é um processo. Lembra aquilo que dissemos sobre ter objetivos tangíveis? Agora é a hora de pensar na sua manifestação também de forma prática. Escreva o que puder para fazer os seus sonhos prosseguirem. Vamos usar a música como exemplo: se a sua manifestação tiver relação com ela, sempre dedique parte do seu tempo para praticar um instrumento, buscar feedback de outras pessoas e continuar sua aprendizagem. Se sua manifestação tiver relação com buscar um lugar diferente onde se viver, procure imóveis, reúna opiniões, planeje seu orçamento etc.

Não se sinta desencorajada pela dimensão ou imponência dos seus objetivos. Anote a sua maior e principal meta de manifestação e depois divida-a em passos menores e mais digeríveis que finalmente a levarão à concretização dos seus objetivos. Pode parecer muito, ali, no papel, mas conforme você seguir adiante, e algumas dessas coisas simplesmente se resolverem sozinhas, você se surpreenderá com o quão fácil será realizar algumas questões. Se estiver procurando por um amor, por que não baixar um aplicativo de namoro e dar o primeiro passo? Você pode encontrar rejeição aqui e ali, mas tente pensar nessa rejeição como um degrau acima, como excluir pessoas e coisas que talvez não sejam as melhores opções. Lembre-se: a remoção de tudo que é desnecessário pavimenta o caminho para a chegada daquilo que você deseja.

Mantenha os olhos abertos; o universo está sempre tentando se comunicar com você. Algum número está aparecendo insistentemente para você? Você tem visto alguns animais ultimamente? Talvez esteja até mesmo escutando o badalar de sinos ou um tipo específico de música em lugares públicos mais do que anteriormente. Algumas coisas são avisos, o universo nos dizendo para evitar certos caminhos e lugares — até mesmo pessoas. Preste atenção na forma como se sente diante de sinais que estejam acontecendo. Confie na sua intuição. Anote os sinais — eventos que possam estar ocorrendo ao seu redor em uma frequência incomum — do universo tentando se comunicar com você. Reserve um tempo para escrever sobre como esses sinais a fazem se sentir, e novos insights podem vir à tona.

O que acontece quando a manifestação funciona? E se for algo que precisa de manutenção? A manifestação mágica é parte do processo em andamento de se estar envolvida com a magia. Contudo, você pode blindar e proteger a bela vida que está criando por meio de rituais de manifestação de proteção. Você pode estabelecer novos objetivos e ajudar àqueles que ama em seus caminhos rumo à manifestação oferecendo-se para praticar a arte com eles. Às vezes, dar ferramentas mágicas e práticas a outras pessoas pode ser uma maravilhosa maneira de continuar a prática enquanto, ao mesmo tempo, constrói uma comunidade de pessoas com grande poder de manifestação. A manutenção da manifestação também nos permite um tempo para revisitar e refletir sobre nossos objetivos, nossos desejos e nossos sentimentos. Você é uma força manifestadora. Lembre-se disso.

CAPÍTULO 4

Métodos de Manifestação

Chegou a hora de mergulharmos nos mistérios da magia e da manifestação, de revelarmos conhecimentos ocultos e descobrirmos diferentes métodos e práticas de magia, bruxaria e manifestação. Neste capítulo, você aprenderá os diferentes aspectos da arte, assim como as técnicas e ferramentas usadas tanto por bruxas quanto por praticantes mágicos.

Os métodos e as técnicas a seguir surgiram de uma culminação de práticas e rituais variados que foram ou registrados muitos séculos atrás ou passados oralmente ao longo dos anos. Muitas dessas práticas se sobrepõem e se sincronizam a outras fés e práticas. A crença na magia ressoa por todas as culturas. Embora os métodos mágicos tenham nomes únicos, eles costumam se originar dos mesmos conceitos fundamentais, ligando todos nós, tanto bruxos quanto não bruxos, ao inconsciente coletivo.

Métodos

Este é o momento de aprender mais sobre a conexão da manifestação com a magia e a bruxaria. A maior parte das práticas mágicas, dos rituais, dos ritos e feitiços utilizados dentro da feitiçaria envolvem ferramentas que podem ser usadas individualmente ou junto a outra prática. Você pode escolher um pêndulo, por exemplo, para ajudar a selecionar uma carta de tarô que vá responder a uma pergunta específica. Dependendo da prática, ou do praticante, pode ser necessário traçar um círculo sagrado antes de lançar um feitiço. Nesses dois exemplos, portanto, o praticante está fazendo um ritual antes de realizar um ato mágico, sendo assim, cada um dos atos beneficia o outro.

Ao longo da sua evolução, você descobrirá o que funciona melhor para você. Ao fazer sua pesquisa e descobrir práticas e ferramentas às quais sente maior atração, você também perceberá que outras delas lhe causam certa estranheza. Nunca se obrigue a ter uma conexão com todos os métodos descritos neste livro se sentir que não há uma identificação. O real objetivo disso tudo é que você aprenda a desenvolver suas habilidades tendo à disposição uma grande variedade de métodos com os quais possa dialogar e dominar no uso presente e futuro. É muito melhor estar inteiramente conectada a alguns métodos, artes e habilidades específicas que estar sintonizada apenas parcialmente com todos eles só por se sentir obrigada a isso. Lembre-se, a sua arte sempre será única e particular. As práticas listadas nas próximas páginas são as mais usadas mais dentro da bruxaria.

SIGILOS

Sigilos e símbolos, sejam eles cravados ou pintados, têm sido usados há milênios. Os sigilos, um conceito popular muito abordado na magia cerimonial, foram ressuscitados pelos movimentos ocultistas dos séculos XIX e XX, trazidos em evidência por Aleister Crowley, o famoso ocultista e mágico cerimonialista inglês. Durante o período medieval, os sigilos eram muito utilizados para invocar demônios. Eles são símbolos de magia e poder feitos especialmente para ou pelo praticante. Esses símbolos são únicos e devem ser cunhados com um propósito específico. Os sigilos são criados de forma intrincada tendo em mente a manifestação desejada.

Um método de uso dos sigilos envolve a escrita daquilo que você deseja manifestar, por exemplo, "Eu vou comprar uma casa". Depois, o praticante deve riscar todas as vogais e letras repetidas dessa declaração. O último passo envolve combinar as letras restantes, formando uma imagem, um glifo ou um símbolo. Assim, você terá criado o seu próprio sigilo para a manifestação que pretende realizar.

Os sigilos podem ser desenhados com tinta sobre um pergaminho, escritos no ar com uma varinha ou uma lâmina ritualística, riscados com giz no chão ao ar livre ou em uma placa de madeira em um ambiente fechado, ou escritos em um pedaço de papel e guardados em um bolso ou em um sapato. Os sigilos geralmente precisam ser carregados de energia e depois liberados para funcionarem totalmente. Para energizar um sigilo, coloque as duas mãos sobre ele, feche os olhos, e visualize-o com os olhos da sua mente. Então, com as mãos sobre ele, imagine que você o potencializa com a energia que jorra delas, sentindo o calor se transferindo das mãos para ele. Uma vez que o sigilo tenha sido energizado, é a hora de liberá-lo. Isso pode ser feito simplesmente ao destruí-lo, queimando-o, rasgando-o ou jogando-o em água corrente. Destruir é ativar; portanto, também é criar.

Além dos sigilos, que também podem ser tidos como selos individuais com um propósito específico, o uso de símbolos sagrados dentro da prática mágica também é muito útil. Pense no ankh egípcio e no olho de Hórus, na ferradura e no trevo de quatro folhas. Esses símbolos são encontrados em múltiplas culturas e civilizações antigas, podendo significar desde proteção e fertilidade até riqueza. Esses símbolos sagrados mais populares estão imbuídos de séculos de magia e têm sido utilizados no trabalho com feitiços, como amuletos ou como talismãs, há milhares de anos. Até mesmo a cruz, muito associada à crucificação de Cristo, é um símbolo de proteção. A maior parte dos símbolos que usamos nos dias de hoje possui um histórico mágico.

ALTARES

A criação, o uso, e o ato de montar o seu próprio altar pode ser algo com incrível potencial meditativo e traz consigo um empoderamento na prática mágica. Atualmente, o altar tem um papel significativo na bruxaria moderna, pois deriva de seu antigo uso dentro do paganismo como um local específico para a prática da magia e da bruxaria. Os altares, como outras ferramentas e costumes mágicos, são historicamente encontrados em inúmeras culturas ao redor do mundo, como no paganismo, no budismo, no hinduísmo ou nos locais de adoração judaico-cristãs.

Os altares, geralmente montados sobre uma mesa, são espaços dedicados completamente às oferendas e aos trabalhos espirituais. Pense nele como a manifestação física do seu espaço sagrado. É nele que você deixará suas oferendas ritualísticas e se conectará com suas deidades e seus ancestrais. Conforme for adquirindo experiência na sua prática, você perceberá que pode ser melhor fazer diversos altares com funções diferentes, por exemplo: um altar para a conexão com seus ancestrais; outro dedicado às deidades com as quais você trabalha; e, também, um altar especificamente para a criação de feitiços. Todos os altares permitem que você os separe e se foque nos seus trabalhos mágicos de forma intencional. Tenha em mente que eles não precisam ser arranjados de forma permanente. Você pode optar por montar um altar temporário a fim de celebrar uma cerimônia ou feriado específico, ou talvez para uma determinada deidade que esteja invocando somente para ter ajudar com um feitiço.

MAGIA DAS VELAS

Eu adoro tanto a magia das velas, que até escrevi um livro todinho sobre o assunto. A magia das velas está categorizada como "baixa magia", e é uma das formas mais simples de se fazer bruxaria. Além disso, é um dos métodos mais fáceis de se manifestar aquilo que você deseja e pode ser uma forma simples e discreta de exercitar a magia.

Na magia das velas, a vela funciona como uma oferenda, enquanto a chama envia a sua intenção para o universo. Utilizar cores específicas, tipos diferentes de velas, esculpir palavras na cera e untar óleo essencial sobre as velas antes de acendê-las são coisas muito importantes para atingir o seu propósito. Ao selecionar o tamanho, a cor, o formato e o feitiço que deseja lançar juntamente à sua vela, você estará tomando decisões muito importantes no seu processo de manifestação.

Embora as velas tenham se tornado um acessório indispensável na bruxaria moderna, suas origens espirituais têm raízes no judaísmo e no catolicismo, algo que pode ser interessante para aqueles praticantes que têm um passado religioso. Pessoas com dificuldades para fazer uso da visualização podem achar o trabalho com as velas mais fácil e mais acessível no processo de manifestação, pois elas são ferramentas tangíveis que podem ser usadas para representar o que ainda inexiste na realidade física.

PURIFICAÇÃO

A purificação (limpeza) e a blindagem (proteção) são dois métodos mágicos muito importantes e influentes. Ao praticar magia e bruxaria, é preciso ter consciência de que podemos estar vulneráveis a forças externas, sejam elas sobrenaturais ou não. A magia é como um farol que atrai todo tipo de forças.

A purificação é feita por meio da defumação espiritual, assim como da queima de incenso e de ervas ou de atos mais mundanos de limpeza, por exemplo, varrer o chão. Não se desanime com a perspectiva de precisar realmente limpar, uma vez que sempre há magia no ato, mesmo que você não esteja consciente dela. As vassouras, por exemplo, são usadas há séculos para a limpeza de espaços negativos e para oferecer proteção aos seus portadores.

Após a purificação, você sempre precisa da blindagem. Independentemente do espaço em que está trabalhando, ou de seu estado físico e mental, a proteção pode ser alcançada ao se colocar cristais — de preferência o ônix, a turmalina preta, a hematita, a obsidiana, ou o azeviche — nos quatro cantos do cômodo, nos batentes das janelas, ou acima do umbral de uma porta. O sal é outra excelente ferramenta de proteção que é fácil de usar e superpotente: ele absorve e resseca energia estagnada, protege e neutraliza espíritos negativos e trabalhos malignos. Jogue um punhado de sal na soleira da sua porta para manter vibrações, pessoas ou espíritos indesejados longe, ou então use a selenita, um cristal feito de sal, para energizar outros cristais e purificar seus instrumentos ritualísticos. Você também pode andar com sachês de sal no bolso para garantir a sua proteção.

TRABALHO COM ESPÍRITOS

Ainda que você não perceba, nós nos conectamos diariamente com os espíritos. Embora nem todas as bruxas e praticantes de magia trabalhem especificamente com o reino espiritual, obter assistência espiritual é sempre algo muito útil para todos os que estão envolvidos com a magia.

Primeiro, é preciso definirmos o que realmente são os espíritos. É importante saber que espíritos não são unicamente as almas dos mortos. Eles existem em tudo o que há na natureza. O conceito recebe o nome de *animismo*. A crença de que tudo tem um espírito — os animais, a chama de uma vela, até mesmo um rio que flui — é muito comum dentro das culturas e tradições nativo-americanas, no paganismo, no vodu e na santeria.

Já que o animismo sugere que todas as coisas possuem um espírito — a fauna, a flora, e tudo mais —, isso abre todo um leque de possibilidades. Por exemplo, se você estiver lidando com um problema pessoal ou de família, os espíritos dos seus ancestrais podem auxiliá-la. Por outro lado, se você estiver procurando por estabilidade financeira, você pode invocar uma deidade ou um espírito da terra.

É possível fazer a comunicação com os espíritos por meio de ferramentas divinatórias, como cartas de tarô, uma tábua Ouija ou pêndulos; também é possível receber recados por meio de sinais e presságios. Os sinais e presságios mandados pelos espíritos podem não acontecer em um ambiente ou experiência sobrenatural — não fique esperando por luzes piscando ou que sua casa fique tomada de neblina a fim de receber a mensagem de um espírito. Os sinais simplesmente aparecem no decorrer do dia e podem assumir formatos bastante mundanos. Pode ser o fato de você notar que o relógio parou de funcionar quando estava em números duplos, como 11h11 (algo também conhecido como "números dos anjos"), ouvir por acaso uma música no rádio cuja letra faça sentido para você, ou receber uma mensagem especialmente significativa em um biscoito da sorte. Tudo isso são exemplos de como os espíritos podem se comunicar.

É possível se aperfeiçoar nas suas habilidades comunicativas ao aprender diferentes formas de adivinhação ou apenas prestando mais atenção aos sinais recebidos. Ao reconhecê-los, você deve preparar o seu altar para deixar oferendas ou realizar outras formas de reconhecimento que possam potencializar sua conexão com o reino espiritual. Ao sentir que estabeleceu um laço ou conexão, você pode optar por convidar os espíritos ao seu círculo ou espaço sagrado e usar a energia deles para ajudar na sua manifestação.

MEDITAÇÃO

A meditação tem um papel-chave em muitas práticas espirituais ao redor do planeta. Em um dos primeiros capítulos do livro, por exemplo, aprendemos uma técnica básica de meditação, mas como é que essa prática realmente nos auxilia com a magia e com a própria manifestação? Ao meditarmos, somos capazes de limpar nossas mentes de quaisquer ruídos externos ou pensamentos intrusivos, focando-nos mais nos nossos desejos e objetivos.

É melhor e mais eficaz meditar logo antes de dormir ou logo após o despertar; assim é mais fácil se concentrar em si mesma após um dia de influências exteriores, distrações e preocupações. A meditação é muito importante para as bruxas pois não só permite que elas se conectem com seu Eu mais elevado, mas também que tenham um breve momento de reflexão sobre seus sentimentos e emoções, recuperando a conexão espiritual que às vezes se fragmenta durante interações com outras pessoas. Ao progredir na sua prática, você provavelmente descobrirá ser possível aumentar suas habilidades de manifestação apenas por meio da meditação.

Ao meditar, imagine aquilo que deseja manifestar com o olho da sua mente, e mantenha essa imagem fixa e focada enquanto trabalha a sua respiração. Com o avanço da prática, você pode optar por repetir o seu desejo em voz alta, como se fosse um mantra. Se sua meta for comprar uma casa, por exemplo, você pode repetir a seguinte frase: "Eu vou comprar uma casa, uma casa, uma casa". Repita-a quantas vezes quiser. Essa simples repetição é uma forma básica de manifestação *e* de feitiço. Lembre-se sempre que as palavras carregam consigo muito poder.

Preparativos

Chegamos em um dos momentos mais empolgantes da magia: botar a mão na massa! O que torna a bruxaria tão única em comparação com outras práticas espirituais é que, na feitiçaria, as bruxas influenciam e conjuram, elas mesmas, o resultado de seus feitiços, em vez de apenas confiarem na esperança, na sorte ou na ajuda de terceiros. As bruxas se apoiam em seus instintos, em seus talentos e em seus dons, unindo-os ao uso de ferramentas fornecidas pela natureza para invocar aquilo que desejam. Uma bruxa não precisa se submeter a dogmas religiosos, ou se apoiar em outros seres humanos, para conseguir tudo o que almeja; elas são capazes de manifestar tudo que querem, desde que mantenham o equilíbrio da natureza.

Ao começar sua prática, você deve se lembrar de algumas coisas. Primeiro, trate suas ferramentas e ingredientes com muito respeito, sobretudo se forem itens retirados da natureza (como os cristais), da botânica (como as ervas frescas) ou dos animais (como um pé de coelho). Aprender sobre a história e o uso de cada instrumento é algo essencial dentro da sua prática. Conhecer o folclore por trás de cada item e ingrediente que está sendo usado não só afinará a sua prática e as suas habilidades, como também a conectará ainda mais às energias que residem dentro daquela ferramenta ou daquele ingrediente. O alecrim, por exemplo, pode parecer apenas um ingrediente básico, um tempero usado na cozinha, mas por milhares de anos ele tem sido utilizado para a proteção, além de ser o substituto principal para outras ervas mágicas no trabalho com os feitiços.

Desde saber aquilo que deseja manifestar até reunir seus instrumentos e aprender a história de cada um deles, a preparação é um passo sempre muito necessário — e essencial — dentro da bruxaria. Em seguida, é preciso fazer um panorama sobre alguns itens imprescindíveis que devem estar sempre à mão. Geralmente confeccionados pela própria bruxa, essas ferramentas devem ser criadas conjuntamente a alguns feitiços específicos, de forma intencional, ou apenas para tê-los à disposição. Afinal, se você criar um óleo feito para atrair dinheiro, por que não fazer mais um pouco para deixá-lo no estoque para algum trabalho futuro? Além disso, o ato de fazer amuletos, talismãs, óleos, velas etc. pode ser um processo bastante calmante, o que propicia à bruxa se colocar em um estado relaxante e meditativo enquanto se prepara para os feitiços futuros.

ÓLEOS/EXTRATOS VEGETAIS

Os extratos vegetais são itens indispensáveis dentro da bruxaria. A íntima relação entre a bruxaria e a botânica é uma história rica e complexa. Por volta de 1500, certas ervas eram muito usadas para diminuir a dor do parto. No entanto, como se acreditava, devido a textos bíblicos religiosos, que as dores do parto eram a punição que Deus deu a Eva para que pagasse por seus "pecados", o uso medicinal das ervas e outros extratos vegetais passou a ser visto como algo diabólico. Não é mera coincidência que das duzentas pessoas acusadas de bruxaria em 1392, em Salem, 22 delas tenham sido identificadas como parteiras ou curandeiras.

Atualmente, e como sempre foi, a melhor forma de fazer uma infusão é misturar uma erva de sua escolha em azeite de oliva, colocá-la em um recipiente selado, e guardá-la em um local fresco e escuro, como um armário, por uma ou duas semanas. Com esse método, você poderá fazer quanto óleo infusionado quiser, usando só uma erva ou combinando várias delas. Essas preparações naturais são ótimas para se ter à disposição, assim, você sempre estará preparada para realizar um feitiço que exija o uso de tal óleo. Também é possível começar o seu boticário de bruxa com algumas ervas fáceis de encontrar, como sementes de papoula, manjericão, lavanda e tomilho. Outros ingredientes excelentes para serem estocados são o mel e o sal, já que muitos feitiços demandam o uso deles.

SACOS DE BRUXA E SACOS GRIS-GRIS

Um acréscimo excelente ao seu arsenal de bruxa é um punhado de sacos de bruxa e sacos gris-gris. Os sacos de bruxa são geralmente preenchidos com ervas, cristais e outros objetos que tenham sido energizados com intenções específicas, como proteção, prosperidade ou amor. A forma mais simples de fazer um deles é pegar um quadrado pequeno de tecido (10x10 cm) e colocar as ervas e itens desejados no centro dele. Então, junte as pontas do quadrado e o amarre com um pedaço de cordão. Isso manterá os conteúdos dentro dele e criará um saquinho com formato oval.

Outra opção é colocar esses itens dentro de um saquinho pronto de cordão. Tenha em mente que, assim como com a magia das velas, as cores e ervas que você escolher terão diferentes significados. Sempre consulte as cores e correspondências mágicas das ervas escolhidas (há uma tabela no final deste livro) para que você possa criar o saquinho perfeito. Faça uma variedade de saquinhos diferentes para serem usados em diferentes ocasiões.

O saco gris-gris é um talismã bastante similar ao saco de bruxa tradicional, pois também contém ervas, cristais e outros itens designados para proteção e outros usos mágicos. Os sacos gris-gris, contudo, têm origem na palavra iorubá *juju*, "amuleto", que se refere a um objeto que tenha poderes mágicos ou esteja imbuído de magia. Os sacos gris-gris são muito populares entre praticantes de vodu e hudu, podendo ser facilmente encontrados em Louisiana, no Haiti e na África.

POTES DE ADOÇAMENTO

Se tem uma coisa que toda bruxa de respeito precisa ter em grande quantidade são potes. Especialmente potes de adoçamento. Um pote de adoçamento é um dos feitiços mais fáceis e agradáveis de fazer. O conceito é bastante simples: faça com que alguém se "adoce" por você, que fique caidinho de amores, ou então "adoce" uma pessoa, torne-a mais maleável e menos severa, a fim de que você possa conseguir o que deseja dela. Ao contrário do que se acredita, os potes de adoçamento não são exclusivamente para o amor. Talvez, usar um deles com o seu chefe pode deixá-lo mais aberto a uma aproximação a fim de que você possa pedir por uma promoção. Eles também podem ser utilizados para resolver conflitos com algum amigo ou para ajudá-la a conseguir uma entrevista de emprego.

Há muitas maneiras de se fazer um pote de adoçamento, mas o conceito básico envolve um pote de boca larga. Você pode optar por escrever o nome completo, ou apenas as iniciais, da pessoa que deseja adoçar em um pequeno pedaço de papel. Se souber o signo ou o aniversário do seu alvo, adicione-o ao papel como uma medida extra, além daquilo que deseja conseguir dele. Então, dobre esse papel três vezes na sua direção, jogue-o dentro do pote, e despeje mel sobre o papel, submergindo-o totalmente. Algumas ervas específicas podem ser adicionadas ao pote para potencializar o adoçamento do feitiço. Depois, após fechar o pote, imagine aquilo que deseja e sacuda-o vigorosamente, visualizando, em cada sacudida, a forma como a pessoa escolhida se torna mais favorável a você. Para reanimar o feitiço, queime uma vela no topo do pote ou mantenha-o próximo à pessoa, balançando-o sempre que precisar dos benefícios desse adoçamento mágico.

AMULETOS E TALISMÃS

Todos usamos símbolos de poder no nosso dia a dia, muitas vezes sem perceber, como é o caso dos colares com pingentes de cruz ou das pulseiras adornadas com o olho grego. Símbolos como esses carregam consigo uma longa história dentro do folclore e da magia. O bastão alado entrelaçado por duas serpentes, por exemplo, geralmente visto em hospitais ou consultórios médicos, é, na verdade, o caduceu, o cajado de Hermes, um antigo símbolo associado ao equilíbrio moral. Nos Estados Unidos, o caduceu é usado como um símbolo médico porque foi confundido com o bastão de Esculápio, no qual há apenas uma cobra, representando a medicina, e diz respeito ao deus grego da cura.

Para descobrir amuletos e talismãs que possam aperfeiçoar seus trabalhos e suas manifestações mágicas, invista em um bom livro de símbolos e simbolismo. Uma vez que você tenha encontrado os simbolismos associados às suas manifestações desejadas, será muito fácil estocar amuletos e talismãs fazendo compras na seção de joias da sua loja esotérica favorita. Amuletos em formato de olhos, sinos ou animais costumam ter propósitos e funções mágicas, e podem ser amarrados em sacos de bruxa, usados em potes de feitiços ou para adornarem colares e pulseiras. Se você deseja sorte e realizações, por exemplo, você pode carregar com você o tempo todo uma fúrcula, ou "osso da sorte"*. Encontre seus talismãs de poder e use-os com orgulho.

BONECAS

O uso de bonecas na magia e na bruxaria pode ser observado ao redor do mundo e existiu em inúmeras civilizações antigas. De todas as ferramentas disponíveis no arsenal de uma bruxa, as bonecas são os itens mais incompreendidos. Há um estereótipo muito perpetuado de que as bonecas confeccionadas por bruxas têm sempre a intenção de causar mal a alguma pessoa. Claro que esse uso negativo das bonecas é muito comum na rotina de praticantes da magia maléfica e do vodu; contudo, a maior parte desse discurso vem de uma propaganda colonialista baseada em estereótipos racistas.

---

* Um osso em v retirado do peito do frango que, tradicionalmente, é segurado por duas pessoas ao mesmo tempo. Após fazerem seus respectivos pedidos, ambas puxam o osso, cada uma para o seu lado, e aquela que ficar com o pedaço maior da fúrcula terá o seu pedido realizado. [NT]

Há dois tipos de bonecas. Uma delas é uma figura que tenha sido energizada com propriedades mágicas, de forma similar a um amuleto ou talismã, com a diferença de que esta boneca pode também incorporar um espírito. Essas bonecas são ferramentas muito comuns entre os que acreditam no animismo. A imagem de um espírito no espelho mágico da rainha má do desenho da *Branca de Neve*, por exemplo, pode parecer uma comparação muito extrema, mas é um exemplo apropriado desse objeto mágico.

Outro tipo é uma boneca que geralmente — embora nem sempre — é feita de pano. Ela pode ser vestida e confeccionada para se parecer com alguém específico com quem, ou para quem, a bruxa pretende fazer um trabalho. A boneca deve ser nomeada, alimentada, abençoada e energizada. Na magia simpática, em que se acredita que os semelhantes se afetam mutuamente, cuidar da boneca pode aumentar o desejo da pessoa, curá-la, ou mesmo, dependendo do praticante, atrapalhá-la. Uma boneca pode ser feita de pedaços de trapos ou de uma camiseta velha. Você pode cortar o formato de uma pessoa e depois costurar as duas partes, enchendo o seu interior de algodão e ervas, ou pode optar por fazer uma boneca de pano tradicional. Como os potes de adoçamento, ter bonecas à mão é sempre uma boa ideia quando você precisa dar um empurrãozinho extra em alguém, ou então ajudar um amigo ou membro da família que precise se curar de alguma enfermidade.

TRABALHO MEDIÚNICO

No que você pensa quando escuta a palavra "mediúnico"? Por incrível que pareça, ela carrega mais estigma consigo que a palavra "bruxa". Ao pensarem em médiuns, as pessoas tendem a relacioná-los a charlatões ou trapaceiros. Embora existam muitas pessoas por aí enganando os outros, também há tantas com habilidades mediúnicas genuínas. A palavra "médium" é um guarda-chuva que cobre uma pluralidade de categorias e dons.

Um médium é alguém com sentidos apurados, uma pessoa mais sintonizada com o mundo. Enquanto algumas pessoas podem ter múltiplos dons, outras gravitam, ou tem uma forte conexão, com apenas um. Deixe-me apresentar agora àqueles que chamo carinhosamente de "claris" — pessoas com dons intuitivos e mediúnicos muito desenvolvidos que ativam e vibram de forma específica. Os clarividentes podem receber visões e premonições relacionadas com o futuro e têm uma forma distinta e assombrosa de saber coisas que não teriam como saber. Os clariaudientes podem ouvir mensagens. Os clarissencientes conseguem receber mensagens somente pelo toque. Os clarigustativos são capazes de sentir gostos que não estão ali, no plano físico, como o sabor de seu doce de infância favorito. A mediunidade dos clariolfativos ocorre por meio dos cheiros. Esses dois últimos tipos costumam ser mais encontrados naqueles que trabalham com a mediunidade, com os espíritos ou com a necromancia.

Embora todos tenhamos capacidades mediúnicas, nem todo mundo está sintonizado às próprias habilidades. Quando você se sentir conectada aos seus dons, você descobrirá que alguns talentos trabalham junto de outros. Todos esses "claris" diferentes, por exemplo, não trabalham necessariamente sozinhos. É possível, aliás, que você já tenha experienciado uma ou mais dessas habilidades mediúnicas. Talvez você já tenha captado o vislumbre de algo na sua casa ou escutado alguma coisa assim que caía no sono.

Segundo Paul Huson, em seu livro *Mastering Witchcraft*, "no momento em que você pisa no caminho da bruxaria, um chamado ecoa no mundo sobrenatural anunciando a sua chegada". Embora nem todas as bruxas se considerem médiuns ou façam uso de seus dons psíquicos, muitos dos praticantes da bruxaria realizam algum tipo de adivinhação, trabalham com a intuição, ou com os espíritos. Todas essas práticas acabam caindo sob o guarda-chuva do termo "mediúnico". Com o tempo, você descobrirá que o reino do sobrenatural vai ser cada vez mais atrativo. Sua intuição eventualmente atingirá um pico, e então você começará a perceber mensagens por todos os lados.

Uma boa forma de aumentar a sua intuição é por meio de um oráculo. Diferentemente do sistema rígido das cartas de tarô, as cartas do oráculo permitem que você use os seus instintos. O que esta carta está dizendo? O que ela revela sobre a sua pergunta? Respire fundo e explore todas as respostas que surgirem dentro de você. Anote as cartas que retirou, as perguntas que fez e tudo aquilo que respondeu, a fim de poder refletir sobre elas depois. Também registre qualquer mudança que possa ocorrer em sua vida, pois isso ajudará a discernir fato de ficção e confirmará as suas habilidades psíquicas.

Deidades mágicas

Nem todas as bruxas trabalham com deidades, mas há muitas que o fazem. As deidades são muito mais que seres onipotentes que residem no mundo superior, elas são os arquétipos nos quais nos enxergamos e os arquétipos que devemos invocar para os nossos trabalhos mágicos. Como guias ancestrais, elas são uma manifestação da conexão humana com a terra e com o sobrenatural.

O trabalho com deidades não só aperfeiçoará a sua magia e a sua manifestação, mas também ajudará sua conexão com o seu Eu superior e a ganhar um insight espiritual. Como há um número incontável de deidades, muitas delas com origens conhecidas, não se surpreenda se você se deparar com informações contraditórias sobre alguma delas durante suas pesquisas. Não há apenas um jeito de trabalhar com uma deidade e, acima de tudo, não se sinta pressionada por outros praticantes para trabalhar de uma determinada forma.

A seguinte lista de deidades representa apenas uma minúscula fração do vasto número de deidades associadas à magia no mundo. Tenha em mente que uma conexão bem-sucedida nem sempre se apresentará a você por meio de manifestações visuais. A deusa Diana, por exemplo, provavelmente não se mostrará a você em forma física quando você a invocar, mas, depois do trabalho com ela, é possível que você encontre mais gatos que de costume, ou se depare com muitas imagens de cervos e cachorros, animais que são sagrados para ela. Lembre-se sempre que, de uma forma ou de outra, as deidades se fazem ser notadas.

Hécate/Hékate: A deusa grega das encruzilhadas, da bruxaria, da lua e da necromancia. É uma deusa muito popular entre as bruxas e é excelente para dar assistência aos seus feitiços e rituais, e no aprofundamento da sua arte.

Ísis/Auset: A antiga deusa egípcia da magia, da maternidade e da proteção. É conhecida como a deusa dos 10 mil nomes e foi sincretizada a incontáveis outras deusas.

Tote: O antigo deus egípcio da magia, da sabedoria e da lua. É associado ao deus grego Hermes e pode auxiliar na criação de feitiços, na escrita e na formulação de manifestações.

Diana: A deusa lunar romana que também é conhecida como mãe das bruxas na bruxaria italiana (*stregheria*), comumente associada à deusa grega Ártemis, irmã de Apolo. Diana ajuda na magia lunar e em feitiços de proteção, fertilidade e nascimento.

Ceridwen/Cerridwen: Feiticeira e deusa celta da poesia, Ceridwen traz uma assistência benéfica para todo tipo de empreitadas criativas, podendo ser invocada em feitiços de renovação e mudança.

Circe: A deusa grega da magia, Circe é conhecida desde a Antiguidade como a primeira bruxa. Em alguns mitos, ela é filha de Hécate, em outros, seu pai é o deus do Sol, Hélio. Invoque-a quando você desejar aumentar suas habilidades botânicas ou o trabalho com ervas e magias para glamour.

Pasífae: Irmã de Circe, mãe do Minotauro e deusa menor dos oráculos e da adivinhação. É muito útil em feitiços de justiça e métodos divinatórios.

Heka: A antiga palavra egípcia para magia, além da magia personificada, Heka é capaz de ajudar em todo tipo de empreitada mágica porque Heka é a própria magia. Ela também é a deidade da cura, uma vez que a magia e a medicina eram uma única coisa para os antigos egípcios.

Bucca: Também é chamado de Pã, Puck e Poucks. É comumente associado ao deuses celtas Cernuno e Herne e considerado pai das bruxas. Invoque-o para fortalecer suas habilidades mágicas e aprofundar sua conexão com a terra e a natureza.

Tarô

As cartas de tarô, principalmente os arcanos maiores, há muito cativaram a imaginação de bruxas e não bruxas. O baralho sempre começa com a carta O Tolo (*Le Mat*), ingênuo e despreocupado, aventurando-se na vida com grandes esperanças, e termina com O Mundo (*Le Monde*), que, tradicionalmente, retrata uma mulher dançando em um círculo, cercada de quatro seres representando os quatro elementos essenciais da criação (terra, ar, água e fogo). Essa carta representa a completude e a unidade com o cosmos.

Em 1909, a Rider Company publicou o baralho de tarô mais usado e reconhecido de todos os tempos. A maioria dos praticantes dessa arte divinatória estão familiarizados com as ilustrações de Pamela Colman Smith, a responsável pelas figuras usadas no tarô Rider-Waite. Para fazer as gravuras, ela obteve aconselhamento mágico do famoso ocultista A.E. Waite, treinado pela lendária Ordem Hermética da Aurora Dourada. Antes desse baralho, os 56 arcanos menores, incluídos em outros decks de tarô, não continham imagens. Contudo, o design pictórico criado por Colman e Waite funcionou de forma espetacular, uma vez que fornece ao consulente uma cena completa a ser analisada. As cartas podem ser usadas de diversas maneiras, desde prever eventos futuros até manifestar desejos secretos, tudo depende da intenção do leitor.

Um método de leitura de tarô envolve tirar uma carta específica, de maneira intencional, que esteja relacionada à coisa ou à situação que você deseja manifestar. Você gostaria de manifestar um novo meio de transporte? Eis aqui a carta perfeita para isso: O Carro. Você gostaria de ter muitos filhos? A carta A Imperatriz contém em si a maternidade e a fertilidade. Uma vez que você, leitora, esteja familiarizada com as artes mágicas, você também pode optar por incluir outras correspondências poderosas para acrescentar mais potencial aos seus feitiços.

Velas, ervas, pedras preciosas, sigilos e palavras de intenção são opções de itens que podem ser incluídos nas suas leituras de tarô para criar um ritual eficaz e fabuloso de manifestação de desejos. Faça questão de escolhê-los com cuidado e de colocar a carta de tarô selecionada na frente ou no centro do seu altar para alcançar uma assistência arquetípica potente. Como Paul Huson disse, em *Mastering Witchcraft*, "há poderes residindo profundamente dentro de nossas mentes, arquétipos junguianos, se você preferir assim, que podem ser acessados para potencializar seus rituais". O tarô é mais que uma ferramenta de previsão do futuro, ele também pode ajudar a manifestá-lo

CAPÍTULO 5

Lendo a Natureza

Como já dito, a magia e a manifestação podem ser realizadas de forma relativamente simples. Você não precisa acumular um monte de ingredientes caros e acender um exagero de velas ao seu redor enquanto mexe o seu caldeirão. A bruxaria é algo muito pessoal, por isso é diferente para cada indivíduo que a pratica. Se rituais elaborados não parecem atrativos, opte por trabalhar com dias da semana, períodos específicos do dia, e cores que ajudem a potencializar a sua arte e fortaleçam a possibilidade de uma manifestação bem-sucedida de maneiras mais sutis.

Aqui você encontrará alguns insights sobre as funções esotéricas dos elementos, das cores, das estações do ano, dos números, e muito mais. Qual é o melhor horário para lançar um feitiço? Em que dia da semana você deve acender sua vela para chamar dinheiro? Vamos descobrir.

Fases da lua

A lua é associada à magia desde a aurora do tempo. No antigo Egito, ela era relacionada com Tote, deus da sabedoria e da magia. Duas das maiores deusas da religião e mitologia greco-romana, Hécate e Diana, são não só deusas lunares como também deusas patronas das bruxas. No tarô, a carta A Lua representa mistério e o desconhecido. Na Europa, dos tempos medievais até o século XVII, supunha-se que as bruxas se reuniam nas florestas para dançar e fazer rituais. Essas especulações e práticas permaneceram ao longo dos séculos, ressurgindo no Novo Mundo.

Acredita-se que a Lua comanda o movimento das marés, além da saúde mental e do ciclo do sistema reprodutivo feminino. A luz emitida pelo astro nos guia conforme navegamos pela escuridão da noite. Há treze meses lunares, e, na bruxaria, eles são celebrados pelos covens e chamados de esbás (uma palavra derivada do francês *esbátre*, que significa "fazer travessuras"), um tempo dedicado não necessariamente para rituais, mas sim para a socialização ou para lançar feitiços próprios. Os esbás costumam acontecer uma ou duas vezes ao mês, dependendo do quanto você está seguindo à risca o calendário lunar.

Muitas bruxas usam as fases lunares como guia para seus feitiços e manifestações. Isso torna mais fácil planejar e coordenar os rituais. Feitiços de abundância e prosperidade, por exemplo, devem ser feitos próximos à lua crescente, enquanto feitiços de banimento ou proteção devem ser feitos durante a lua minguante. Algumas bruxas consideram a lua cheia um momento propício para todo tipo de encantamentos, já que essa é uma fase de imenso poder. A lua também tem um grande papel na maior parte das fés neopagãs, como a Wicca, nas quais os rituais geralmente seguem o calendário lunar e, principalmente, a lua cheia. A lua é vista como um aspecto da Deusa, uma figura central dentro da Wicca, geralmente personificada como Deusa Tríplice — a Donzela, a Mãe e a Anciã. Essa representação está diretamente ligada às diferentes fases da lua e do desenvolvimento humano.

A seguir, exploraremos as diferentes fases da lua, seus atributos mágicos e suas energias, e que feitiços e rituais devem ser feitos em cada fase. Embora o trabalho com a lua dê aos feitiços um impulso poderoso, você não precisa sincronizar toda a sua vida e agenda ao redor dele. Por outro lado, caso você queira estar mais conectada aos ciclos lunares, sugiro que faça o download de um aplicativo que marque as fases da lua. Se você tiver perdido a lua cheia, por exemplo, não se desespere; o poder dela perdura por até três dias: o dia marcado no calendário, o dia anterior e o dia seguinte. Após a lua cheia, o astro diminui (fase minguante) e depois aumenta (fase crescente).

Lua nova: Representando iniciação, novos começos e crescimento emocional, esta fase da lua é ideal para a manifestar viagens, uma nova renda, uma nova carreira, um novo relacionamento, novas aventuras ou uma mudança.

Lua crescente: Esta é a fase perfeita para feitiços e manifestações de amor, casamento, fertilidade, sorte e sucesso. É um momento poderoso para criar amuletos de atração e potes de adoçamento.

Lua cheia: A lua do sabá das bruxas, esta fase é muito útil para purificações, feitiços de renovação, magia do sexo, adivinhação, desenvolvimento psíquico, trabalho com espíritos, atração do amor, pragas e maldições, justiça, empoderamento feminino, venerar seus ancestrais e realização de desejos.

Lua minguante: A lua minguante representa um período de términos e traz consigo a oportunidade de potencializar feitiços de cura, liberação de hábitos antigos, banimentos de inimigos ou de relacionamentos tóxicos, blindagem de doenças.

Lua negra: Presente logo antes da lua nova (no primeiro dia do ciclo lunar, da primeira lua crescente), esta noite sagrada é dedicada a Hécate. Um bom período para trabalho com espíritos, adivinhação, feitiços de justiça, reverter a má sorte, quebrar feitiços, magia de defesa, viagens astrais e feitiços de impedimento.

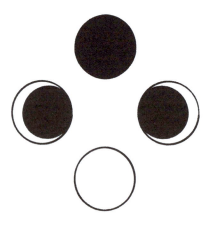

Outras associações lunares muito úteis incluem deidades, cristais e pedras, ervas e plantas. Combinar essas correspondências com feitiços em fases lunares específicas pode aumentar o poder da sua manifestação.

Deidades lunares: Tote, Hécate, Diana, Ártemis, Selena e Khonsu.

Cristais e pedras lunares: Pedra da lua, quartzo, pérola, selenita, quartzo-fumê, quartzo transparente, madrepérola, turmalina negra e cianita negra.

Ervas e plantas lunares: todas as flores que se abrem à noite, lótus, sândalo, camomila, cogumelos, papoula, erva-de-são-joão, nenúfar e abóbora.

Estações do ano

As estações do ano são a prova viva de que a mágica existe na terra e assume um papel muito importante no nosso cotidiano, mesmo que acabemos nem percebendo. As estações têm energias diferentes que podemos acessar enquanto praticantes da arte. Muitos feriados giram em torno de estações específicas e mudanças sazonais sobre as quais falaremos mais detalhadamente neste capítulo.

Séculos atrás, as pessoas se juntavam ao redor da fogueira durante os meses de inverno com casacos de peles, contando histórias e se mantendo aquecidas, enquanto manifestavam o desejo de sobreviver ao inverno rigoroso e sonhavam com a vinda da primavera. Hoje, ainda carregamos conosco essa tradição de nos reunirmos com a família nos meses frios enquanto fazemos planos para a chegada da primavera. A magia das estações não é algo exclusivo das bruxas — por milênios, temos feito rituais a fim de promover e honrar cada estação do ano.

OUTONO

O outono é o tempo da colheita. O inverno está se aproximando e, por isso, precisamos preservar tudo aquilo que plantamos. Esse é o momento de amarrar todas as pontas soltas. Medite sobre tudo o que você deseja manter na sua vida. Feitiços de proteção durante essa época do ano são bastante aconselháveis.

O outono também é tempo de morte e encerramento. Banir a negatividade, as doenças e a malevolência é algo muito recomendado a se fazer. O trabalho com os espíritos também é uma boa pedida, já que o véu entre os mundos se torna cada vez mais fino e é ainda mais tênue no dia 31 de outubro, o dia de Samhain (pronunciado Só-in), o ano novo das bruxas.

Usar adivinhação é outra maneira maravilhosa de nos conectarmos com as energias do outono. Ao fechar um capítulo da sua vida, a adivinhação pode ser sua aliada para descobrir o que vem a seguir. Engrandeça suas habilidades trabalhando com o tarô, as runas, cartas de oráculo e outras ferramentas. Tente manifestar conexões com guias espirituais ou invoque-os para obter ajudar. Trabalhar com espíritos ou deidades do submundo e da lua também fornece resultados nessa estação. Não se esqueça de se relembrar dos seus mortos, entes queridos e ancestrais, pois eles podem estar enviando mensagens a você por meio do véu.

INVERNO

É tempo de descanso e introspecção. O inverno é a estação perfeita para evolução espiritual e manifestar diferentes aspectos de cura, inclusive mental. Você tem amigos ou familiares tóxicos que a estejam atrapalhando de alcançar os seus objetivos? Aproveite a estação para botá-los na geladeira. O inverno é tempo de independência, força e de deixar as coisas partirem. Use as características frias do inverno para erguer barreiras de proteção e congelar espíritos e energias negativas. Prepare uma xícara quente de chá de ervas e, depois, na borra, leia o que o futuro lhe reserva ao final da estação. Não há período melhor para manifestar dias melhores e radiantes.

PRIMAVERA

A primavera é marcada pelo antigo feriado germânico de Ostara, que também recebe o nome da deusa da primavera e da renovação. Este é um momento de purificação e de se livrar de todo o mau agouro presente em sua vida. A limpeza não é só uma tarefa mundana; seu ato físico também ajuda a liberar energias indesejadas que possam estar no ambiente. Lave as janelas e o chão com sal e água, queime olíbano ou sangue-de-dragão, e defume espiritualmente o seu espaço ou a sua casa. Levante as cortinas, abra as janelas, e deixe a luz entrar.

Aproveite a estação para manifestar novos começos. Esse é o melhor momento para fazer feitiços de fertilidade, amor, paixão, abundância e crescimento financeiro. Manifeste e potencialize a atração de um parceiro específico ao confeccionar e aspergir Água de Vênus (mais adiante no livro), ou plante um jardim com alecrim para proteção. Conecte-se com a natureza ao sair para dar caminhadas, visitar um parque local, e prestar atenção na fauna e na flora. Domine o poder da primavera banindo tudo o que é velho e conjurando o que é novo. Use rosa e amarelo para canalizar o poder da estação. Incorpore imagens de ovos, coelhos, cordeiros e flores.

VERÃO

O verão é uma época especial e mágica do ano não só para as bruxas, mas para todas as crianças em fase escolar, famílias, viajantes, entusiastas de esportes ao ar livre e, basicamente, todo mundo que não tem aversão ao calor e ao sol. Nesse momento, a chuva já cessou, o frio do inverno se foi, e tanto humanos quanto animais podem finalmente emergir da segurança e do conforto de seus lares para descobrir a alegria debaixo da agradável luz do sol.

Há muitas maneiras de se conectar à energia desta estação vibrante e feliz. Uma das celebrações mais importantes, comemorada tanto por bruxas quanto por religiões pagãs, é o primeiro dia de verão, também conhecido como solstício de verão, ou *midsummer*, o dia mais longo e a noite mais curta do ano, quando a força do sol atingiu o seu ápice. Utilize a energia deste dia para manifestar feitiços de cura, abundância e amor.

Dias da semana e seus períodos

Assim como podemos trabalhar com a magia das quatro estações, também é possível planejar nossas manifestações de acordo com os sete dias da semana. Dentro de cada um deles, há períodos oportunos para realizar nossa mágica, podendo ser usados tanto para atrair algo quanto para repeli-lo. O nascer do sol, por exemplo, é um momento excelente para estabelecer suas intenções para o dia e começar a plantar as sementes dos seus desejos (ou, mais especificamente, a coisa ou cenário que você almeja alcançar). Por sua vez, quando o sol está alto no céu, atraia a energia potente do astro-rei para solidificar o seu desejo para algo mais tangível e real. E, por fim, porque o sol poente simboliza que tudo chega ao fim e desaparece, este é o momento para deixar partir tudo aquilo que não serve mais a você.

DIAS

Os dias da semana apresentam oportunidades de acessarmos diferentes tipos de energias, emprestando aos nossos feitiços e manifestações uma maior coerência com o mundo natural.

Segunda-feira: Em inglês, "monday", o que significa "dia da lua", palavra derivada do latim, *lunae dies*. A segunda-feira é um dia excelente para honrar seu deus ou deusa lunar favorito e aprofundar sua relação com a lua e o seu Eu espiritual. Use a energia da segunda-feira para trabalhos ligados à saúde feminina, fertilidade, maternidade, menstruação, veneração de ancestrais, amizades femininas, gravidez, visões, sonhos, desenvolvimento psíquico, intuição, adivinhação, sono tranquilo, perdão, cura, projeção astral, viagem astral, consciência aumentada, purificação, clarividência, animais noturnos, profecias, reconciliação, furto, proteção, ambiente doméstico e terapia.

Terça-feira: Derivada do nome do deus nórdico Tyr, a terça-feira, "tuesday" em inglês, é comumente associada à justiça, ao equilíbrio, ao deus e ao planeta Marte. Use esse dia para se relacionar com o masculino e para realizar feitiços de coragem, vitalidade e força. É o momento perfeito para fazer magia envolvendo questões legais e de justiça.

Quarta-feira: Em inglês, "wednesday", palavra oriunda do inglês antigo "Wodenaz's day", também conhecida como "dia de Odin", o deus nórdico da sabedoria e do conhecimento. Como também é o dia de Mercúrio, esse costuma ser um momento de feitiços e trabalhos de viagem, comunicação, transporte, arte, teatro, entretenimento, mudança, sorte, apostas, fortuna, luxúria, riqueza e criatividade.

Quinta-feira: Nomeada em homenagem ao deus nórdico Thor, a quinta-feira, "thursday", em inglês, também é o dia de Júpiter. Ela é um ótimo momento para realizar atos de manifestação associados à liderança, promoção, figuras públicas, autoridade, realizações, prosperidade, aumento de notoriedade e influência, ganho material, concessões, dominância e controle sobre situações.

Sexta-feira: Nomeada em homenagem à deusa nórdica Freya, a sexta-feira, "friday", em inglês, é o dia de Vênus, tempo de manifestar amor e romance. Nesse dia, foque-se na sua autovalorização, ou em atrair e enaltecer relacionamentos. As sextas-feiras são um período excelente para limpezas e banhos ritualísticos.

Sábado: Em inglês, "saturday", "Dia de Saturno", como o planeta, é o dia de dar encerramento às coisas, fazer banimentos, maldições, desfazer feitiços, abrir de caminhos, acabar com maus hábitos, focar no seu desenvolvimento pessoal e disciplina, estabelecer limites e também quebrá-los.

Domingo: Em inglês, "sunday", "dia do sol", é um dia dedicado às deidades e energias solares. É uma época promissora para a magia e tudo o que estiver relacionado ao desenvolvimento, promoção, clareza de pensamento, estudos, sabedoria, conhecimento, exorcismo, saúde, riquezas, negócios em crescimento, realizações na política, popularidade, prosperidade, autoconfiança e fama.

FERIADOS

Na bruxaria e no paganismo, há muitos feriados antigos que continuam sendo celebrados até hoje para reconhecer as diferentes facetas do ano. Isso inclui dias nos quais honramos deidades e espíritos específicos. A seguir, listamos as principais cerimônias festejadas na prática da bruxaria, a fim de que você possa utilizá-las para aumentar o poder das suas manifestações. Se você tiver interesse na Wicca, também pode seguir a Roda do Ano, um ciclo dos festivais anuais — por se tratar de uma celebração de estações e transformações da natureza, você pode preferir adaptar a Roda do Ano para o seu hemisfério.

Ano-Novo/Calendas de Janeiro (1º de janeiro): Esse dia recebe este nome em homenagem ao antigo deus romano Janus. O primeiro dia do mês é sempre tempo de novos começos. Comece o ano novo com feitiços de abundância, felicidade e sucesso.

Noite de Santa Valburga/Primeiro de Maio (1º de maio): Originalmente celebrado como um dia para nos protegermos da bruxaria e de suas maldições, esse feriado foi recuperado pelos pagãos. A celebração de Beltane durava cerca de três noites e também contava com o "Mastro de Maio", ou Maypole, uma espécie de mastro feito do tronco de uma árvore grande com várias flores e fitas coloridas que se entrelaçam a cada dança. No hemisfério sul é celebrado em 31 de outubro.

Solstício de Verão/Dia de São João (21 ou 22 de junho): Um tempo de bênçãos e renovação. Use esse dia para purificar a si e suas ferramentas. Uma tradição costumeira dentro do vodu de Nova Orleans é receber "uma lavagem de cabeça", algo similar ao batismo judaico-cristão. Essa prática deixa seu praticante renovado e regenerado. No hemisfério sul é celebrado na entrada do verão, que acontece no dia 21 ou 22 de dezembro.

Equinócio de Outono/Mabon (21 ou 22 de setembro): Conhecido como o Dia de Ação de Graças das bruxas, é um período de abundância em que aproveitamos os presentes da terra e nos conectamos com a fauna, a flora e os espíritos da natureza. No hemisfério sul a entrada do outono acontece no dia 20 ou 21 de março.

Samhain (31 de outubro): Um dos melhores momentos para a magia e para a manifestação. Todos os tipos de rituais podem ser feitos nesta época do ano, embora devam ser realizados em conjunto com o trabalho com espíritos e a adivinhação, pois é nesse dia que o véu entre mundos se torna mais tênue. No hemisfério sul o Samhain é comemorado no dia 1º de maio.

Solstício de Inverno/Yule (21 ou 22 de dezembro): O dia mais curto e a noite mais longa do ano. Na Wicca e no druidismo celta, esse dia marca a morte do deus cornífero. Ele também é celebrado pelos gregos e romanos como o dia em que Perséfone/Proserpina retorna ao seu marido Hades/Plutão no submundo. No hemisfério sul a entrada do inverno acontece no dia 21 ou 22 de junho.

PERÍODOS DO DIA

Assim como os dias e os feriados, algumas horas do dia têm uma energia bastante potente que pode ser utilizada na magia e na manifestação. Acredito que eles nos conectem ao limiar entre o aqui e o outro reino. Confira uma lista de períodos especiais do dia que você pode usar para potencializar suas práticas mágicas.

Madrugada: Limpezas, purificações, e feitiços de cura devem ser o principal foco durante este período.

Meio-dia: Use o poder do sol para sucesso financeiro e nos negócios, novas oportunidades, questões legais e prosperidade.

Pôr do sol: Esta é a melhor hora do dia para realizar rituais e feitiços relacionados à quebra de maus hábitos e vícios, além de se livrar de coisas que a estejam segurando.

Meia-noite: Este é um momento muito importante. Se há coisas que você deseja manifestar que lhe parecerem intangíveis ou apresentam obstáculos, faça seu trabalho nesse horário.

Das 3h às 4h da manhã: A verdadeira "hora das bruxas", amplamente reconhecida como tal da era medieval até o século XIX. Use esse momento para a adivinhação e para potencializar a sua consciência psíquica. Esse também é um período excelente para comunicação com espíritos, feitiços de cura direcionados para cicatrizar velhas feridas e para aliviar o estresse.

11h11: Se você vir este número, é um bom momento para fazer um pedido. Considere a visão desse número como a confirmação de que sua manifestação será bem-sucedida.

Os quatro elementos

Quer você perceba ou não, todos estamos conectados aos quatro elementos; eles fluem através de nós e nos preenchem de magia. Nossos pés nos conectam à terra, nosso fôlego se enriquece com o poder do ar, nossos corações batem com a paixão do fogo, e nossos olhos transbordam com a maré das águas.

As bruxas usam elementos específicos para engrandecer suas manifestações. Cada um deles tem seus próprios pontos fortes. Em alguns rituais e arranjos de altares, todos os elementos são representados — o sal para a terra, o incenso para o ar, as velas para o fogo e, claro, uma tigela cheia de água.

Embora honrar os espíritos e as energias de cada elemento durante os rituais seja um costume da maioria das práticas Wicca e neopagãs, você pode se focar em apenas um deles. Pode ser o elemento associado ao seu signo solar ou apenas o elemento de sua preferência. Você gosta de nadar? Sente afinidade por criaturas marinhas? Isso pode ser um indicativo de que você está conectada ao elemento da água. Além da questão energética, todos os elementos têm espíritos associados a eles; nós o chamamos de *elementais*. Eles são conhecidos ao redor do mundo e recebem diversas alcunhas. A seguir, listaremos as energias dos elementos e os espíritos associados a cada um deles.

TERRA

Use o poder da terra para feitiços e rituais de prosperidade, fertilidade, crescimento, dinheiro, criatividade e estabilidade. Sal, terra, argila e pedras podem ser usados em amuletos e talismãs para manter o equilíbrio e o seu aterramento. Invoque as forças da terra sempre que se sentir fraca, desequilibrada, emocionalmente instável, ou precisar de um novo lar. A energia da terra ajudará a manifestar novas oportunidades de carreira ou objetivos a serem realizados a longo prazo.

Deite-se no chão, ande descalça, saia para uma caminhada, faça uma escalada na natureza, sente-se sob uma árvore e leia ou pense sobre algo que você deseja ver manifestado. Este elemento está diretamente ligado aos signos astrológicos de touro, virgem e capricórnio, e ao planeta Vênus. As cores associadas a ele são verde, marrom e preto. Suas ervas e plantas incluem todos os tubérculos, trigo, carvalho, hera venenosa, alcaçuz, milho e centeio. Os animais ligados à terra são o touro, o bisão, o veado e a cobra. Os gnomos, as dríades, as ninfas e as fadas, por sua vez, são espíritos da Terra. As deusas da Terra incluem Cibele/Magna Mater (romana), Danú (celta), Deméter (grega), Fauna (romana), A Deusa Mãe (wicca), Gaia (grego) e Pomona (romano). Os deuses da Terra são Attis (romano), Baal (sírio-hebreu), Baco (romano), Dionísio (grego) e Osíris (egípcio).

AR

O elemento Ar é perfeito para trabalhos que precisam ser feitos rapidamente ou que exigem alguma viagem. Nos tempos coloniais, dizia-se que as bruxas podiam voar pelos céus. Elas também eram conhecidas por trazerem consigo grandes lufadas de vento ou por invocar tempestades.

Mande suas manifestações e feitiços pelo ar com uma pequena ajuda do vento. O planeta Mercúrio é comumente associado ao ar, o que aprofunda sua conexão com a comunicação e as viagens. Os signos do zodíaco ligados a esse elemento são gêmeos, libra e aquário. Acesse a energia do ar com mais facilidade usando roupas brancas ou em amarelo-claro.

Talvez você deseje meditar visualizando balões, bolhas, sons e moinhos, ou simplesmente incorpore o simbolismo dentro do seu trabalho. As plantas e ervas associadas ao elemento ar são a verbena, a prímula, a samambaia, o milefólio e a choupo-tremedor. Seus animais são os pássaros, os insetos voadores e os morcegos. Invoque o ar para potencializar o seu trabalho psíquico e enviar mensagens telepáticas aos espíritos. Os elementais do ar são as sílfides e as sprites (criaturas do folclore europeu retratadas como um pequeno humano com asas de insetos). Deidades associadas ao ar incluem Mercúrio (romano), Hermes (grego), Gabriel (católico) e Zéfiro (greco-romano).

FOGO

Você deseja enviar algo ao universo? Simples: queime-o. Na Grécia antiga, no Egito antigo e em Roma, sacerdotes e praticantes de bruxaria queimavam oferendas para agradar aos deuses. Dizia-se que a fumaça que subia desses sacrifícios chegaria até os céus.

O Fogo é muito ligado à criação, domine sua energia para potencializar feitiços e rituais de sexo, paixão, purificação e coragem. A magia das velas é uma das formas mais proeminentes de usar o elemento Fogo. Fogueiras e lareiras também podem ser utilizadas para queimar desejos, pedidos e oferendas.

Os corpos celestes associados ao Fogo são o Sol, Marte e Júpiter. Os cristais ligados a este elemento são o citrino, a opala e a granada. Seus signos astrológicos são áries, leão e sagitário. As cores do elemento Fogo são o dourado, o carmim, o vermelho e o laranja. Queime as seguintes substâncias para ativá-lo: copal, olíbano e mirra. Invoque o Fogo para reacender a paixão, a motivação, a inspiração e para receber auxílio com a liderança, a autoridade, e ganhar poder sobre os outros. Tanto o djinn quanto as salamandras são poderosos espíritos do Fogo. Suas deidades incluem Astarte (mesopotâmica), Bridget (celta), Héstia (grega), Ogún (iorubá e haitiano), Sekhmét (egípcia), Vesta (romana) e Vulcano (romano).

ÁGUA

A Água é um condutor para outros reinos; é também nela que enxergamos o nosso próprio reflexo. Ela nos purifica e revitaliza, oferecendo renovação. A água é muito benéfica para feitiços e rituais que exigem cura, purificação, limpeza e trabalho psíquico. A energia dela é feminina e etérea.

Os corpos celestes associados a este elemento são Netuno, Vênus, Saturno e a Lua. Os cristais do elemento água são o quartzo transparente, o coral, a jade, a pérola e a madrepérola. Na bruxaria, o cálice e o caldeirão são ferramentas ligadas ao elemento Água.

Câncer, escorpião e peixes são seus signos astrológicos. As cores da água incluem o azul, o turquesa, o verde e o verde-água. As plantas são: nenúfares, lótus, musgo, junco, algas e fungos.

Os animais da água incluem golfinhos, crocodilos, jacarés, cobras d'água, e toda vida marinha. Os espíritos incluem as sereias, as ondinas, os kelpies (cavalos d'água) e os tritões.

As deusas da Água são Anfitrite (grega), Afrodite (grega), Erzúli (haitiana), Nimue (celta), Oxún (iorubá) e Iemanjá (iorubá e santeria). Os deuses da Água são Agwe (haitiano), Dylan (celta), Netuno (romano) e Poseidon (grego).

Cores

É fato comprovado que as cores estimulam todos os nossos sentidos. Da mesma forma, elas podem estimular energias vibracionais e potencializar a manifestação. As cores são amplamente reconhecidas por seu poder na magia e recebem propriedades especiais dentro da bruxaria e do trabalho com feitiços.

Nós somos influenciados pela magia das cores o tempo todo. O vermelho emana vibrações que ativam a fome e o desejo por indulgências, por isso é sempre usado na decoração de restaurantes. O azul e o branco, por outro lado, representam tranquilidade, e são muito utilizados na decoração de spas, hotéis e consultórios médicos.

Incorporar cores e suas energias dentro das suas técnicas de manifestação pode ser algo tão simples quanto usar uma camiseta com a cor que você deseja ativar. Combine a cor associada àquilo que deseja manifestar e você verá como sua mágica engrandece e se desvela. A seguir, há uma lista de cores e suas correspondências, assim como alguns fatos sobre seu uso na magia e na manifestação. As cores também se alinham com suas vibrações individuais e como você se sente ao usá-las. Não tenha medo de misturar e combinar cores. Você pode acrescentar a energia das cores por meio de velas, tecidos de altar, cristais, ou misturando ferramentas mágicas.

LARANJA

O laranja promove energia positiva, exuberância e coragem e está muito ligado à energia solar e à magia. Útil para obter resultados positivos, sucesso no emprego e realização de desejos. Lembre-se sempre de usar laranja em uma entrevista de emprego. A cor é associada ao planeta Mercúrio e ao elemento Fogo. Como também representa a mudança das folhas no outono, ele pode ser usado em feitiços que lidem com mudança, transformação e alquimia.

AMARELO

O amarelo transborda brilho, alegria e iluminação. Use-o para promover clarividência e insights, ou quando estiver buscando pela verdade em um trabalho. O amarelo é uma cor muito popular de vela usada para contrafeitiços, abertura de caminhos e feitiços de proteção. Está ligado às deidades solares, como Apolo, Hórus e Mitra. Use velas amarelas quando estiver procurando por ajuda em uma cura ou para melhorar o seu humor. O amarelo deve ser utilizado em rituais que invocam a felicidade e encorajam a cura após uma doença ou uma cirurgia.

VERDE

O verde é agora muito associado ao dinheiro, à abundância e à ambição. Contudo, para os antigos egípcios, ele era a cor da vida, da fertilidade e da juventude. Ele também é a cor das fadas no folclore celta, os seres que nos conectam ao outro mundo. Vênus e a Terra são os planetas regentes dessa cor, e a Água e a Terra também são os elementos associados a ele.

A cor do signo de touro é o verde. Ele exala vibrações intensas de sorte, prosperidade e riqueza, e é muito potente para rituais de fertilidade. Ele é a cor sagrada de Osíris, Cernuno, Pã, Ogún e Deméter.

VERMELHO

Força vital, atração, sensualidade, desejo, virilidade e força são adjetivos frequentemente associados ao vermelho. Ele também é a cor da morte, do fogo, da violência, do amor e do sexo. É a cor da nossa força vital. Também é a cor sagrada das deusas Ísis e Lilith. Use o vermelho em feitiços e rituais de vitalidade, força e saúde. Essa cor também é ótima para ganhar sorte e coragem, e para situações em que você precise de um pouco mais de atenção e sinta a necessidade de focar em você mesma. Embora seja uma escolha popular para feitiços de amor, tenha em mente que essa cor exala uma energia muito sexual. Se estiver buscando por um romance longo, monogamia ou casamento, deixe sua intenção muito clara. O vermelho deve ser usado em feitiços para alcançar objetivos, superar obstáculos e para a magia do sexo.

O vermelho corresponde a Áries, por isso está conectado a Marte. Na Grécia antiga, ele era considerado como a cor da vida e era muito usado em rituais de necromancia para a comunicação com espíritos. Maçãs vermelhas, romãs, cogumelos vermelhos e frutas silvestres são consideradas comidas dos deuses, por isso, você pode sempre implementá-los em seus trabalhos para seduzir deidades e espíritos para seu auxílio.

AZUL

O azul é uma cor etérea que nos conecta ao extraterreno e ao divino. Ele é sagrado para Zeus, Iemanjá, Maria e Nut, a deusa egípcia dos céus e do paraíso. O elemento associado ao azul é a Água, e Saturno e Júpiter são seus planetas correspondentes. O azul pode ser usado para trazer força a feitiços de cura. Ele também neutraliza vibrações intensas demais — e pode ser utilizado para induzir um senso de paz e tranquilidade —, o que torna a vela de sua cor bastante popular para limpeza de ambientes e para trabalhos energéticos. A vela azul de novena pode ser usada para fazer pedidos aos santos e às deidades a fim de manifestar trabalhos específicos.

ROXO

O roxo, a cor do divino e da realeza, nos conecta ao poder e ao sobrenatural. Sempre que você se deparar com flores roxas, considere isso uma benção das deidades. O roxo é a cor sagrada de Mãe Brigitte, Dionísio e Guedê. Ele pode ser usado em feitiços que demandam muita energia, quando você sentir que o objetivo almejado pode ser difícil de alcançar ou em feitiços para ganhar independência pessoal ou financeira. O roxo é uma cor altamente vibracional e se encaixa muito bem no trabalho com espíritos, na meditação e nas viagens astrais. Acenda velas roxas para ter insights mediúnicos e quando estiver fazendo processos divinatórios. Outra opção é sempre manter uma ametista próxima às cartas de tarô ou às ferramentas de adivinhação.

MARROM

O marrom representa a Terra, tanto o elemento quanto o planeta. Por conta de suas intensas vibrações de força e equilíbrio, você pode usar essa cor para atrair estabilidade. Ela funciona muito bem em feitiços de justiça, magia da terra, feitiços para animais de estimação e para atrair os espíritos da natureza. Você também pode utilizar a cor marrom em rituais de aterramento, para equilibrar a mente, ou quando precisar de força e coragem para tomar uma decisão ou fazer uma escolha difícil.

BRANCO

Uma das cores mais fortes na feitiçaria, o branco é resultado da presença de todas as cores. O branco está conectado ao reino espiritual, à inocência, ao deslumbramento, à pureza e a novos começos. Ele está profundamente ligado à lua e a todos os elementos —Terra, Água, Fogo, Ar e o Espírito. O branco é sagrado para Hathor, Ceridwen, Ísis, Xangô e a Deusa Tríplice.

Velas brancas podem ser usadas em feitiços de clareza, proteção, meditação e para magia dos anjos. A cor do leite é geralmente associada à vida, à fertilidade e à criação. Em muitas práticas folclóricas, é conhecido como uma cor altamente simbólica da bondade e do equilíbrio. O branco também é a cor dos ossos, o que faz essa cor estar ligada à morte e ao que é estrutural. Por também ser a cor da neve, pode ser usada para congelar outras energias e perturbações e proteger seu praticante de forças externas.

Fusão de todas as cores, o branco se torna uma ferramenta poderosa para absorver e desviar energias negativas, espíritos negativos, pragas e maldições.

No geral, você pode pensar no branco como se ele fosse uma tela prestes a ser transformada; é o começo e o fim. Use um tecido branco no seu altar para atrair inspiração e criatividade, ou para criar um espaço sagrado.

PRETO

Apesar das conotações negativas e equivocadas que insistem em dizer que a cor preta representa o mal, historicamente ela é, na verdade, um símbolo de vida. Os antigos egípcios, por exemplo, referiam-se à sua terra como "Kemet", o que significa, literalmente, "terra preta", em referência à riqueza do solo das planícies do Nilo.

É relevante notar que essa associação com o mal e com o banimento da magia tem relação direta com o preconceito e o racismo. Sempre que se usa a cor preta em práticas mágicas essa magia é vista como maligna, baixa, suja e primitiva, enquanto, com a cor branca, ela é percebida como boa, pura e limpa. A cor da sabedoria e da morte, o preto simboliza a ressurreição e a renovação.

O preto está associado ao planeta Saturno e aos elementos Terra e Água. Ele é a cor da lua negra e da lua minguante, e sagrado às deusas Hécate, Nix e Diana. Velas pretas podem ser utilizadas em feitiços de impedimento, abertura de caminhos e exorcismos.

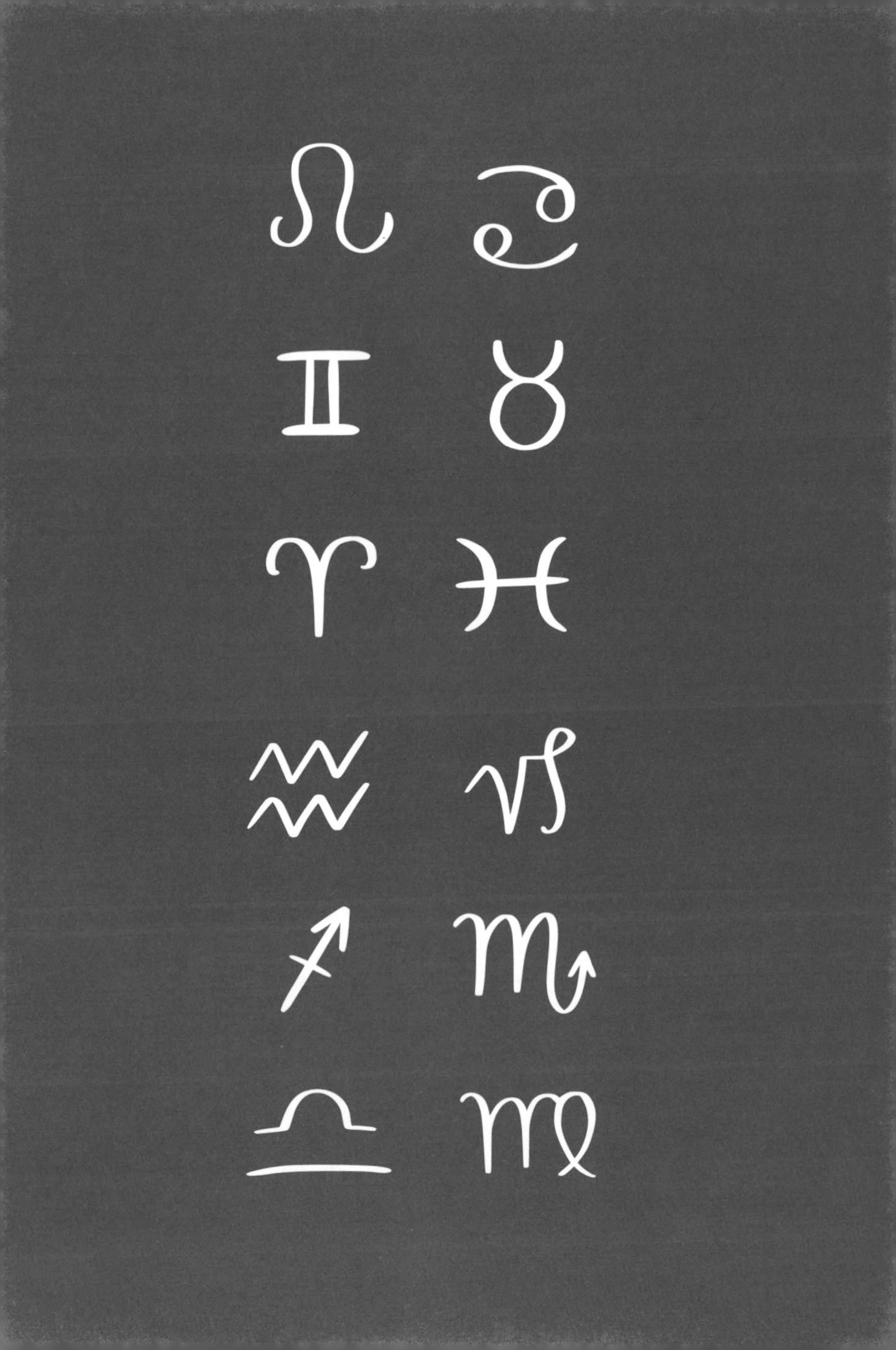

O zodíaco

A astrologia envolve adivinhar o futuro por meio da configuração das constelações planetárias. Embora a astrologia exista desde a antiga Mesopotâmia (por volta do segundo milênio aC), a astrologia moderna está mais calcada na Roma antiga, originada desde o século IV dC. Os astrólogos da Roma antiga costumavam acompanhar os movimentos dos planetas e estar sempre atentos a possíveis presságios que sugerissem a vinda de uma nova guerra, as pressões políticas do momento, e até mesmo quem seria o próximo governante. A astrologia também era utilizada para tabelar o melhor momento para se realizar uma cirurgia ou um tratamento. Durante a Renascença, ocultistas famosos sincretizaram as práticas da magia e da astrologia, que vêm, desde então, sendo trabalhadas em conjunto.

No que diz respeito às manifestações, você pode desejar seguir a sabedoria dos antigos romanos e planejar seus feitiços seguindo certos signos astrológicos. Se quiser gerar maior fluxo de dinheiro ou comprar uma casa, por exemplo, fazer um feitiço de abundância durante a temporada do signo de touro pode ser algo bastante inteligente. Bom, você não quer esperar até maio para fazer o feitiço? Então faça-o quando a lua estiver em touro. A lua leva, em média, 28 dias para orbitar a Terra, e nesse período, passa pelas doze casas do zodíaco. Isso significa que ela passa por um signo diferente a cada dois dias, aproximadamente. Portanto, vamos agora mergulhar nos signos do zodíaco e descobrir as melhores formas de usá-los em conjunto à manifestação e à magia.

ÁRIES

O tempo que coincide com o signo de áries é um período de altas vibrações. É muito aconselhável realizar feitiços e rituais focados em novos projetos e viagens, pois este signo é repleto de uma energia destemida, e por isso pode ajudar a superar obstáculos e obter posições de autoridade e poder. A lua cheia em áries é uma época poderosa para meditar e manifestar mudanças na sua rotina. Se estiver se sentindo sobrecarregada ou insegura, carregue uma pedra-de-sangue consigo ou vista joias de prata para engrandecer as energias. Você também pode incorporar cores, como o vermelho e o bordô, a fim de potencializar a energia desse signo.

TOURO

Touro é um signo da terra regido pelo planeta Vênus e pela lua. Use a lua em touro para manifestação e mágica de todos os tipos. Faça feitiços para atrair atenção durante esse período, seja para ganhar fama ou conseguir que seu chefe reconheça seus esforços. Além de ser muito útil para ganhos materiais, a energia de touro pode ser usada para aprofundar relacionamentos e encontrar parceiros por meio da magia do amor. Vista verde para acessar a energia do signo e carregue com você uma pedra de turquesa para se aterrar e garantir uma renda estável.

GÊMEOS

A representação dos gêmeos divinos, gêmeos é o terceiro signo do zodíaco e está comumente associado à felicidade, à sorte e ao sucesso. A lua cheia em gêmeos é o momento perfeito para fazer pedidos e se focar em manifestar empreitadas criativas. É aconselhável encorajar feitiços de sucesso acadêmico ou para iniciar novos negócios. Os autores, por sua vez, sempre devem enviar seus manuscritos para editoras nesse período. Precisa de férias? Manifeste uma durante a lua nova em gêmeos. A ágata, o citrino, a crisólita e o olho de tigre são cristais muito úteis para alcançar o que você deseja realizar durante a lua em gêmeos.

CÂNCER

O momento de ter serenidade, sensibilidade e tranquilidade; a energia de câncer é excelente para meditação e paz de espírito. A lua cheia em câncer deve ser dedicada aos feitiços de saúde, família e conforto. Nesse período, presenteie familiares e amigos que precisem de apoio e acolhimento com uma pedra da lua. Uma vez que a energia do signo de câncer envolve muito aconchego, você pode manifestar coisas como proteção para o seu lar ou a atração de espíritos domésticos. Você se sente solitária? Manifeste um animal de estimação ou um companheiro amoroso. Limpeza e rituais de purificação devem ser sempre realizados na lua nova em câncer.

LEÃO

Essa energia exala ego e exige receber muita atenção. Use-a para persuadir aqueles que lhe disserem "não". Potes de adoçamento, bonecas e magia das velas direcionadas para feitiços de intimidade, contratação, promoções e entretenimento são especialmente potentes durante essa época. Carregue consigo um pedaço de âmbar ou topázio para ativar a energia de leão. Crie um altar ou faça oferendas a deidades solares a fim de obter o favorecimento delas para suas empreitadas. A lua cheia em leão também pode funcionar bem com feitiços de fertilidade e parto. Toda manifestação que envolva o foco da atenção de outras pessoas sobre você deve ser realizada nesse momento.

VIRGEM

O signo de virgem é muito dedicado a detalhes e ao foco. Por isso, essa é a época de manifestar organização e estrutura. Se você sentir que as coisas estão caóticas demais, ou fora de equilíbrio, domine a energia de Virgem para potencializar suas habilidades de organização. Use a energia da lua cheia em virgem para superar a preguiça e a letargia. Coloque um pouco de alecrim e lavanda em um pequeno saco verde de feltro e mantenha-o consigo a fim de permanecer aterrada e evitar distrações. A lua cheia em virgem é um momento excelente para manifestar um emprego, segurança e estabilidade financeira. Também trabalhe com feitiços para ampliar sua rede de contatos e fazer parceiras empregatícias.

LIBRA

Utilize a energia de libra para aperfeiçoar o seu intelecto e manifestar ajuda em situações relacionadas à justiça, a questões legais e ao equilíbrio. A lua cheia em libra é um ótimo momento para explorar os feitiços de amor e rituais de cura, especialmente aqueles que envolvem ossos quebrados. Gostaria de convencer alguém a enxergar as coisas da sua maneira? Essa é a hora de fazer isso. Faça um pote de adoçamento e ponha suas habilidades de persuasão para jogo. Use a energia de libra para conseguir um equilíbrio entre relações românticas e amizades. Leve sempre um cristal de quartzo transparente consigo quando quiser aumentar as propriedades mágicas do signo.

ESCORPIÃO

Sempre que a lua entrar em escorpião, você deve se preparar para emoções intensas, tanto apaixonantes quanto caóticas. Essa é uma ótima época para se livrar de maus hábitos. Como as emoções estão afloradas neste período, você pode optar por carregar consigo um pedaço de hematita, a fim de evitar levar tudo para o lado pessoal e desviar energias negativas. Incorpore a cor preta ao seu guarda-roupa para potencializar a proteção e banir toda negatividade indesejada. A lua cheia em escorpião é o momento perfeito para fortalecer suas habilidades mediúnicas. Foque-se em manifestar muito amor-próprio e transformações positivas. Considere a intensa energia desse signo, pois também é tempo de amplificar seu conhecimento sobre bruxaria e talvez, até mesmo, trabalhar nos seus relacionamentos com as deidades e os espíritos.

SAGITÁRIO

As vibrações e energias que essa lua emana são geralmente impulsivas e aventureiras, podendo tirar você da sua zona de conforto. Use esse período para manifestar sentimentos de otimismo e fazer feitiços de viagem e lazer. Quer explorar o país? Medite sobre isso durante essa lua. Esse também é um momento de fazer feitiços focados no sucesso. Você gostaria de atrair mais clientes para o seu negócio? Carregue a carta da Temperança dentro da sua carteira. Gostaria de receber uma proposta de emprego? Vista vermelho. Lembre-se de não se ater demais a questões que possam deixá-la deprimida.

CAPRICÓRNIO

Você está interessada em fazer as coisas acontecerem na sua carreira? A lua em capricórnio está aqui para instilar em você a força vibracional que você precisa para fazer acontecer. Manifestações envolvendo a superação de situações difíceis, a completude de projetos inacabados e a realização de aspirações de carreira são todas possíveis dentro desse período. Foque-se em feitiços que tragam independência e disciplina e possam ajudem na tomada de decisões. A lua cheia em capricórnio também é perfeita para meditação e relaxamento, uma vez que a energia deste signo é muito calmante. É um excelente momento para trabalhar em magias de cura e receber assistência envolvendo nutrição e dietas.

AQUÁRIO

O signo de aquário emana vibrações nômades, espirituais e sábias. Manifeste conexões profundas com outras pessoas nesse período e foque-se em formas de destacar sua criatividade e construir uma ligação mais intensa com o reino espiritual. Os feitiços e rituais feitos nessa fase lunar devem promover justiça social e igualdade. Trabalhos, rituais e feitiços em grupo se tornam extremamente potentes sob a lua de aquário. Carregue um pedaço de ônix consigo, ou a carta de tarô A Estrela, durante a lua cheia deste signo, a fim de que ela ajude na realização das suas manifestações.

PEIXES

A lua em peixes é um período excelente para empreitadas criativas. As vibrações dessa lua são fantásticas, etéreas e encantadoras. Você gostaria de deixar de trabalhar em um emprego formal, ao mesmo tempo que tem a estabilidade financeira necessária para se dedicar à sua arte? Coloque um pouco de sementes de papoula e pedras da lua em um pedaço de tecido verde e carregue-o consigo dentro do seu bolso esquerdo para manifestar esse desejo. Aprimore suas habilidades de projeção astral ou mergulhe em suas vidas passadas nesse período. Quando a lua estiver cheia em Peixes, tente pintar, desenhar ou escrever —qualquer coisa para manter o seu lado criativo em atividade.

Números

Os números são muito úteis dentro da magia e da feitiçaria. Na verdade, o uso dos números é proeminente em diversos feitiços e rituais. Você pode precisar recitar um encantamento um determinado número de vezes, usar um certo número de ingredientes em um feitiço ou amarrar um nó na quantidade exigida quando estiver trabalhando com a magia dos nós.

A associação dos números à magia se originou no antigo Egito e pode ser vista ao longo da história, especificamente em textos medievais e registros dos julgamentos das bruxas durante a Inquisição na Europa e na América do Norte.

Muitos feitiços na magia folk usam a magia dos números. A seguir, veremos alguns dos números mais populares usados na bruxaria. Você pode utilizá-los como um guia para adicionar ou remover ingredientes, repetir invocações ou amarrar nós.

1 Em vez de ser um número solitário, ele é, na verdade, um símbolo de realização, novos começos, liderança e da centelha de criação. Use este número em feitiços para aumentar a originalidade e se destacar do restante.

2 É o número do amor, da paixão, da justiça, do compromisso e da dualidade. Representa os pólos positivos e negativos que se conectam em busca de harmonia. Tem uma energia positiva e sensível, capaz de conciliar aspectos.

3 Representa a trindade sagrada. Ele é dedicado à Deusa Tríplice e a deidades triplas, como Hécate, pois representa o início, o meio e o fim; as três fases da vida; as três fases da lua; e a mente, o corpo e o espírito. Sempre faça três nós quando for selar sacos de bruxa.

4 É um número poderoso e deve ser usado em manifestações de completude e estabilidade. Esse número era considerado sagrado no antigo Egito e se correlaciona com os quatro elementos da natureza, os quatro pontos cardeais e as quatro direções.

5 É o número da proteção, como no pentáculo, que tem cinco pontas. O número também é muito utilizado em feitiços e trabalhos para atração, amor, despertar espiritual e para invocar espíritos.

6 É associado ao sol e às deidades solares. Ele também corresponde aos planetas Mercúrio e Vênus. Incorpore o número seis em feitiços para atrair amor, fertilidade e riqueza material.

7 É o número espiritual associado a Jeová e o favorito de Pitágoras. Use-o nos feitiços para ganhar conhecimento, revelar a verdade, ter clareza de pensamento ou aumentar as vibrações espirituais.

8 É o número do infinito, do sucesso, da renovação e do planeta Mercúrio. No perfeito balanço, os círculos que se complementam dobram a abundância.

9 É o número da lua, por isso é muito usado em rituais lunares e é sagrado às nove musas e a todas as deidades lunares. Faça nove nós sempre que estiver realizando trabalhos de impedimento ou rituais para proteção e dominação.

10 É o número da completude. Incorpore-o quando estiver fazendo manifestações que envolvam o fim de algo, como um projeto ou um caso jurídico.

11 É o número da intuição e da autocontemplação. Símbolo das comunicações superiores do universo, é um número que rege o divino.

12 É outro número de completude. Assim como há doze casas no zodíaco, o número doze representa poder, forças cósmicas e magia planetária.

13 É o número da bruxa. Na bruxaria tradicional, é costume haver treze bruxas presentes em um coven. Também há treze meses lunares, então o número treze se conecta diretamente à lua. Use-o em feitiços e rituais a fim de aumentar sua potência e poder.

CAPÍTULO 6

Feitiços e Rituais Práticos

Você acredita estar pronta para lançar um feitiço e invocar a magia? Já cobrimos todos os conceitos básicos e discutimos as técnicas necessárias para a manifestação e a magia, então agora é a hora de aplicar todo esse conteúdo.

Neste capítulo, há uma compilação de feitiços e rituais que podem ajudar a sua jornada sagrada. A maioria deles é tem origem na magia folk e, por isso, é bastante simples — exigem poucos ingredientes e ferramentas mágicas, e todos muito fáceis de encontrar. Tanto os ingredientes quanto sua customização estão listados a fim de atender às suas necessidades individuais. Lembre-se que, no final das contas, é de você que o poder emana. Se não encontrar algum ingrediente ou não estiver na fase da lua sugerida naquele feitiço, faça o que sentir ser o adequado e não tenha medo de substituições conforme necessário.

Do que você precisa

Não é preciso de muito para manifestar os seus desejos; contudo, a bruxaria costuma extrair sua magia da natureza e do uso de ferramentas e ingredientes específicos. Eis aqui alguns itens muito úteis para se ter à disposição durante seus trabalhos, feitiços e rituais. Dividi-os em duas categorias: "indispensáveis", que são absolutamente necessários a fim de realizar os feitiços presentes neste livro; e "opcionais", que podem ser substituídos se for preciso.

Indispensáveis:

- É sempre bom ter uma variedade de velas de todos os tamanhos e cores à disposição; contudo, velas palito são sempre as preferidas, uma vez que queimam rápido e são muito eficazes. As cores mais facilmente encontradas são o preto, o branco, o verde, o cor-de-rosa e o vermelho.

- O sal é uma substância perfeita para rituais de purificação e para a proteção, então sempre tenha um pouco reservado.

- As ervas são sempre grandes aliadas na prática das manifestações, e embora você não precise ter todas as espécies e tipos disponíveis na sua despensa, não deixe de armazenar um pouco de verbena, lavanda, louro, tomilho, artemísia, canela, rosa, e, claro, o alecrim, uma vez que esta é a mais mágica e versátil de todas as ervas.

- Palitos de fósforo também são indispensáveis para acender velas e atear fogo em papéis contendo pedidos, e ainda contém enxofre, um material excelente para banir energias negativas. (Lembre-se de ter muito cuidado ao lidar com fogo!)

- Um queimador de incenso, como uma concha ou um prato de cerâmica, é mais que suficiente; só não se esqueça de encher a base dele com sal ou areia para promover um isolamento extra e proteger seu móvel do calor do prato. Um porta-copos também pode oferecer uma ótima proteção ao seu espaço ritualístico.

- É muito importante ter uma certa variedade de incensos, tanto de resina quanto de palito. Olíbano, mirra, e sangue-de-dragão são essências muito perfumadas que servem para limpeza e benção do seu espaço, além de barrar energias maléficas.

- Pensando na magia dos nós, é muito importante ter vários cordões, de todas as cores e tamanhos.

- Um pilão e almofariz também são muito necessários para moer e macerar ervas.

- Penas de aves — de diversos tamanhos — podem ser usadas para abanar a fumaça do incenso e fazer feitiços, amuletos e talismãs.

- Alguns cristais, como o quartzo, a hematita, a ametista e o citrino são sempre úteis.

- A água é outro item indispensável, pois é muito usada em feitiços de limpeza e purificação.

- Tenha muitos potes, de todos os tamanhos, para feitiços de adoçamento e para misturar e armazenar ingredientes.

- O azeite de oliva, que originalmente era utilizado para abençoar em rituais realizados pelos gregos antigos, tem muitas propriedades mágicas, o que o torna o óleo favorito para untar ferramentas e fazer infusões de ervas.

- Canetas pretas e vermelhas são ferramentas úteis para escrever pedidos e suas intenções, além de registrar suas experiências em cadernos.

- É muito importante ter um caderno, com ele você será capaz de registrar seus pensamentos, e também terá o papel necessário para realizar seus feitiços.

- Tenha vários tecidos à mão, como trapos, pedaços de feltro ou organza para fazer sacos de bruxa.

Opcionais:

- Velas: com imagens ou de sete dias (novenas).

- Cristais: lápis-lazúli, malaquita, ônix, turmalina negra, pedra da lua, magnetita, olho de tigre, âmbar e cornalina.

- Ervas: erva-de-são-joão, cinco-em-rama, absinto, carvalho, cedro, dente-de-leão, arruda, garra-do-diabo e damiana.

- Óleos essenciais: rosa, jasmim, patchouli, eucalipto e almíscar egípcio.

- Caldeirão: para fazer e queimar incensos, além de realizar combinações mágicas.

- Tecido para o altar: a fim de decorar seu altar, proteger sua mesa de cinzas, cera e restos de ervas, e tornar seu espaço um lugar de foco espiritual.

- Cálice: para representar o elemento água e fazer oferendas envolvendo bebidas, como suco, cerveja ou vinho.

- Vassoura: para varrer as energias negativas, limpar espaços sagrados, e encostá-la atrás da porta para a proteção.

- Suportes de velas: para impedir que as velas pinguem nos móveis e por valor estético.

- Imagens de deidades: para representar as deidades que você deseja invocar.

- Cartas de tarô: para aconselhamento e conexão com seus guias espirituais.

- Pêndulo: para se conectar com espíritos, seus guias, e o seu Eu elevado, por meio de perguntas cujas respostas sejam "sim" ou "não".

- Faca ou adaga: para utilizar como lâmina ritualística e direcionar energia.

Feitiços e rituais personalizados

Bruxas costumam ser muito engenhosas pois veem a magia em todas as coisas. A crença no animismo, a ideia de que os espíritos residem em tudo o que existe na natureza, garante que a maioria das ferramentas e ingredientes utilizados na bruxaria enalteça as vibrações dos trabalhos e ajude com as nossas manifestações.

A seguir, há alguns feitiços e encantamentos de origem folk que são bastante simples e utilizam ingredientes muito acessíveis. A maioria deles pode ser usada para uma diversidade de propósitos apenas com a simples mudança de uma cor, de um cristal ou de uma erva. Essa personalização dos feitiços e dos rituais é algo que ficará mais fácil conforme você se tornar cada vez mais familiarizada com os significados das correspondências mágicas. Além disso, muitos dos encantamentos pedem pelo uso dos mesmos itens sugeridos no começo deste capítulo. Isso ocorre porque o mesmo cristal ou erva pode conter muitas vibrações dentro de si que suportem todo tipo de manifestação e mágica.

BOLSA DE FEITIÇOS

Uma ferramenta muito usada, a bolsa de feitiços é muito fácil de fazer e extremamente versátil, além de ser utilizada como apoio mágico em diversos cenários. Mude os conteúdos e as cores da bolsa quando necessário, assim você terá um instrumento completamente diferente para cada situação. Para isso, arranje uma bolsinha de cordão (podem ser compradas em lojas físicas ou online). Encha-a com três pitadas de uma determinada erva ou com várias ervas que estejam relacionadas àquilo que você deseja manifestar. Então, coloque um cristal com esse mesmo tipo de correspondência mágica dentro da bolsa. Amarre-a e dê três nós.

> **Para amor:** ervas (damiana ou pétalas de rosa); cristais (quartzo-rosa);
>
> **Para proteção:** ervas (alecrim ou verbena); cristais (ônix ou hematita);
>
> **Para cura:** ervas (lavanda, carvalho ou alecrim); cristais (cornalina ou quartzo).

SPRAY ENCANTADO

Pense neste spray encantado como uma poção engarrafada: basta uma borrifada para a manifestação começar a funcionar. A receita para esse spray é simples e versátil. Ela também é bastante discreta, por isso você pode usar esse encantamento em qualquer lugar. Encha uma garrafa de spray até a metade com vodca, adicione algumas pitadas da erva escolhida, um pequeno cristal e três gotas do óleo essencial apropriado. Cubra o restante da garrafa com água e tampe. Agite-a bem. É possível borrifar a solução em lugares específicos a fim de mudar as vibrações daquele espaço.

> **Para amor:** ervas (pétalas de rosa ou damiana); óleos (jasmim ou rosa); cristais (quartzo-rosa);
>
> **Para limpeza/purificação:** ervas (alecrim); óleos (patchouli ou olíbano); cristais (hematita ou quartzo transparente);
>
> **Para prosperidade:** ervas (louro ou alecrim); óleos (limão, canela ou hortelã); cristais (citrino).

ESCADA DE BRUXA

Um talismã muito popular entre as bruxas, este simples encantamento pode servir para diversas situações. Como nos feitiços anteriores, você só precisa mudar a cor a fim de mudar as intenções dele. A magia da escada de bruxa vem da energia direcionada aos nós. Para começar, pegue três cordões do mesmo comprimento, um vermelho, um preto, e a cor do terceiro deve estar associada àquilo que você deseja manifestar. Focando-se na sua intenção, trance esses cordões, fazendo nós de vez em quando a fim de garantir que as tranças fiquem bem presas. Tradicionalmente, a escada de bruxa é composta de nove nós; contudo, você pode fazer quantos desejar (revisite a seção sobre números para decidir qual deles mais se encaixa nas suas necessidades). Você também pode amarrar penas de cores diferentes à escada para potencializar as vibrações. Assim que tiver terminado, passe um incenso sobre ela, dê-lhe um beijo, e esconda-a em um lugar secreto.

BASTÕES MÁGICOS PARA DEFUMAÇÃO

Ao longo da história, a maioria das civilizações queimou ervas com propósitos ritualísticos. Embora a primeira coisa que nos venha à mente ao falarmos disso seja a defumação da sálvia branca, isso foi culturalmente apropriado de um ato cerimonial específico dos nativos-americanos conhecido como *smudging*. Entretanto, há muitas outras ervas e plantas que podem ser queimadas em vez da sálvia, em um ritual que gosto de chamar de "fumigação espiritual". Pegue os ramos ou folhas da planta e amarre-os com um pedaço fino de cordão ou fio, dando um nó. Queime a ponta do bastão e use sua mão ou uma pena para abanar a fumaça. Lembre-se de deixar uma janela ou porta aberta para que as energias tenham um lugar por onde saírem.

Para limpeza/proteção: queime alecrim ou cedro;

Para dar adeus às energias negativas: queime alecrim, arruda ou lavanda;

Para atrair espíritos: queime artemísia, também conhecida como sálvia negra.

GARRAFA DA BRUXA

Inicialmente utilizada como forma de contrafeitiço a fim de impedir a maldição de bruxas e se proteger da bruxaria, esse amuleto do século XVII foi recuperado pelas feiticeiras e usado primariamente para proteção contra espíritos e forças malignas. Porém, você pode usá-lo para se proteger de influências externas que possam estar afetando suas manifestações e sua magia. Pegue uma pequena garrafa de vidro e coloque nela três pregos, três alfinetes e três agulhas de costura. Encha a garrafa com sal, feche-a e a enterre no quintal de sua casa ou a coloque no fundo do armário. Se você deseja proteger sua casa ou a de outra pessoa, você também pode colocar um pouco de terra da propriedade dentro da garrafa.

Feitiços e rituais para problemas comuns e realização de desejos

Os seguintes feitiços e rituais foram reunidos a partir de tomos, grimórios e textos históricos, a maioria deles tendo sido alterada e adaptada de forma prática para o uso da bruxa moderna. Ou seja, pensando nisso, você não precisa mais esperar pela lua cheia para poder cavar na terra fresca do cemitério em busca de um pouco de raiz de teixo (embora isso pareça superdivertido!).

ENCANTAMENTO DE PODER ELEMENTAL

Para a manifestação, precisamos estar equilibrados e conectados à terra e ao divino. Este encantamento superpoderoso incorpora itens que contêm atributos de todos os elementos. Mantenha este talismã junto de você sempre que precisar se manter focada e sentir necessidade de aumentar suas habilidades de manifestação.

- Concha do mar (água);
- Pitada de sal (terra);
- Pena (ar);
- Palito de fósforo (fogo);
- Um saco verde pequeno.

1 Segure a concha com as duas mãos, feche os olhos e visualize ondas quebrando na praia. Então, coloque a concha dentro do saco.

2 Jogue uma pitada de sal dentro do saco enquanto presta atenção no chão abaixo de você. Este é o poder de sustentação da terra.

3 Balance a pena no ar, abanando-a diante de si. Imagine uma rajada de vento soprando ao seu redor. Coloque-a dentro do saco.

4 Segure o palito de fósforo apagado na sua mão, fazendo um punho fechado. Sinta um calor irradiando desse fósforo. Após alguns momentos segurando-o, também o coloque no saco.

5 Feche o saco com três nós, mantenha-o no seu altar e use-o sempre que fizer trabalhos de manifestação.

ÁGUA DE VÊNUS

Este spray encantado vem de uma poção do amor criada no século XVIII e conhecida como "água dos anjos". Use o spray para fortalecer sentimentos de paixão e para atrair relacionamentos físicos e românticos. Você pode borrifar o spray em si mesma para aumentar o seu amor-próprio, nos lençóis da sua cama, nas suas roupas ou até mesmo nos pertences da pessoa que você deseja atrair.

- Garrafa de spray feita de vidro;
- Água;
- Vodca;
- 3 gotas de óleo essencial de lavanda;
- 3 gotas de óleo essencial de rosa;
- Pétalas secas de angélica.

1 Encha a garrafa até a metade com água e preencha o restante com vodca.

2 Adicione três gotas de óleo essencial de lavanda e rosa dentro da garrafa, focando-se no amor que você deseja atrair.

3 Adicione também algumas pétalas de angélica e, depois, tampe a garrafa.

4 Segure a garrafa entre suas mãos e diga: *Bela Vênus, deusa divina, permita que este encantamento traga o amor que me pertence.*

5 Agite a garrafa, focando sua energia e seus desejos no vidro.

6 Borrife sempre que necessário.

IMÃ DE VERBENA PARA MANIFESTAÇÕES

A verbena é uma erva muito comum na magia folk europeia e na bruxaria. Esse simples amuleto é perfeito para carregar com você sempre que precisar de um aumento de energia. O quartzo transparente é uma pedra poderosa para direcionar as energias e para potencializar as propriedades mágicas de outras ferramentas. Carregue esse amuleto no seu bolso, ou mantenha-o na sua mesa de cabeceira ou escrivaninha a fim de ter mais foco, inspiração e criatividade.

- 1 pedaço de tecido (5x7 cm);
- 3 pitadas de verbena;
- 1 pedaço de quartzo transparente (lapidado ou não);
- Cordão longo o suficiente para fazer três nós.

1 Ajeite o pedaço de tecido sobre uma superfície e jogue um pouco de verbena no centro dele. Coloque as mãos sobre a erva e diga: *Erva encantada dos tempos de outrora, aumente o meu poder para toda a eternidade.*

2 Coloque o quartzo no centro do tecido, sobre as ervas. Coloque as mãos sobre o cristal e diga: *Cristal de quartzo, fortaleça esse feitiço, e faça com que minhas manifestações funcionem.*

3 Puxe os cantos do tecido e amarre-os; ele se transformará em um saquinho. Amarre-o com o cordão, dando três nós.

4 Segure o seu ímã nas mãos. Feche os olhos e visualize o encantamento irradiando uma aura azul. Durma com ele debaixo do seu travesseiro por uma noite, depois mantenha-o no seu altar até que precise reutilizá-lo.

FEITIÇO DO AMOR NÚMERO 9

Esse feitiço é extremamente benéfico para aqueles que desejam manifestar um relacionamento monogâmico com alguém que estejam namorando ou com quem estejam interessados romanticamente. Faça-o durante uma lua cheia ou em uma noite de sexta-feira, para aproveitar a energia de Vênus.

- 1 gota de óleo essencial de rosa;
- 1 vela vermelha (o tamanho e o formato são de sua escolha, embora uma vela de imagem, uma vela de novena e uma vela palito sejam de preferência);
- 1 prato à prova de calor (preferivelmente de cerâmica);
- 1 pitada de jasmim seco;
- 1 pitada de chili em pó;
- 1 pitada de lavanda;
- Cordão vermelho, longo o suficiente para amarrar nove nós ao longo dele;
- 1 pequeno saco vermelho de algodão.

1 Coloque uma gota do óleo essencial de rosa no topo da vela vermelha, então esfregue-o em toda a extensão da vela, do começo até o fim. Ao terminar, coloque-a sobre o prato escolhido.

2 Jogue um pouco de jasmim sobre ela enquanto diz (em voz alta ou mentalmente): *Flor antiga e erva sagrada, encante meu amor, faça-o sentir o seu poder.*

3 Jogue um pouco de chili em pó sobre a vela e diga: *Acenda minha paixão, incendeie-a com fogo, meu amor vai implorar pelo meu desejo.*

4 Jogue um pouco de lavanda sobre a vela e diga: *Eu tenho o fogo, eu tenho a luxúria, agora faça desse amor algo em que posso confiar.*

5 Pegue o cordão vermelho e fale o nome da pessoa desejada (em voz alta ou mentalmente) ao amarrar cada nó. Repita o processo por nove vezes.

6 Enrole o cordão enodado ao redor da vela.

7 Acenda a vela e deixe-a queimar por pelo menos uma hora. (Se você tiver escolhido uma vela palito, ela queimará rapidamente.)

8 Assim que a vela se apagar, esconda o cordão enodado debaixo do seu colchão.

9 Se sobrarem pedaços de cera ou de ervas no pratinho, você pode reuni-los e colocá-los dentro de um saco vermelho de algodão para transformá-los em um amuleto extra de amor. Outra opção é enterrá-los no seu quintal.

MAGIA DO AMOR-PRÓPRIO

A maioria das pessoas que se sente atraída à magia se joga diretamente nos feitiços de amor na esperança de conseguir um parceiro. Mas como é possível amar outra pessoa se você não ama a si mesma? Este ritual pretende instilar amor-próprio e autoconfiança em seu praticante. Você não precisará de nada, só de um espelho (de preferência um de corpo inteiro), talvez alguma luz ambiente e um pouquinho de sinceridade e fé. Faça este feitiço em uma sexta-feira à noite ou sempre que você sentir vibrações amorosas ou alguma insegurança. Faça-o em um momento em que esteja sozinha, para que não seja perturbada por terceiros.

- Palitos de fósforo ou um isqueiro;
- Velas;
- Música;
- Um espelho de corpo inteiro.

1 Prepare o ambiente. Acenda algumas velas e toque música relaxante ou de meditação.

2 Fique em frente ao espelho, olhando para si mesma. Concentre-se nos seus traços, então deixe seus olhos vagarem, prestando atenção em cada centímetro do seu corpo. Feche os olhos e visualize a melhor versão de si mesma — mental, física e emocionalmente.

3 Então, olhando para o espelho e se mirando nos olhos, diga: *Espelho, espelho, à minha frente, reflita a versão de mim que eu desejo ser.*

4 Continue a olhar para o espelho e sinta-se fundir com o seu próprio reflexo. Pense em todas as coisas boas sobre si mesma. O que você mais ama? Não tenha medo da própria vulnerabilidade.

5 Depois, ainda se olhando no espelho, diga: *Eu amo você. Eu amo você neste espelho mágico, eu amo a forma como você olha de volta para mim, eu amo a pessoa que está diante de mim.*

6 Continue se encarando até acreditar nas palavras que acabou de dizer.

7 Repita este ritual todas as noites de sexta-feira pelo restante do mês, a fim de potencializar sua manifestação e garantir sentimentos de amor-próprio.

AH, PELO AMOR DE PUCK!

Não tem se sentido como você mesma ultimamente? Talvez as coisas não estejam acontecendo como você gostaria? Espíritos travessos ou fadas podem estar causando transtornos só para darem uma boa risada. Use um pouco de talento shakespeariano para corrigir Puck, a criatura maliciosa do folclore inglês, e todos os demais que possam estar atrapalhando as suas vibrações. Faça este simples feitiço em uma noite de quarta-feira, durante uma hora de números pares.

- Palitos de fósforo ou isqueiro;
- Vela palito verde;
- Moeda de prata.

1 Use o palito de fósforo ou isqueiro para derreter a base da vela, então grude-a na moeda de prata. Espere a cera endurecer para que a vela fique bem apoiada.

2 Coloque as duas mãos sobre a vela e diga: *Oh, abençoado Puck, devolva minha sorte!*

3 Acenda a vela e deixe que queime até o fim. Imagine todo o estresse deixando o seu corpo, as coisas voltando à normalidade, e toda a sua irritabilidade indo embora.

4 Quando a vela estiver apagada, pegue a moeda de volta, segure-a entre as mãos e diga: *Se nós, sombras, vos ofendemos, pensai nos seguintes termos: perdoai-nos, e haverá emenda.*

5 Esconda a moeda no fundo de uma gaveta para apaziguar os espíritos e aguarde sua sorte virar.

"DIN-DIN" – SPRAY PARA ATRAIR DINHEIRO

Esta receita saiu diretamente do meu livro de feitiços. Você pode borrifar este spray em si mesma, no seu talão de cheques, nos seus cartões, nas suas notas, nas suas moedas, e até mesmo nos seus currículos e cartões de visita a fim de aumentar a prosperidade e o seu ganho financeiro.

- Garrafa de spray feita de vidro;
- Água;
- Vodca;
- 3 cravos-da-índia;
- 3 gotas de óleo essencial de canela;
- 2 gotas de óleo essencial de erva-cidreira;
- 2 gotas de óleo essencial de patchouli.

1 Encha a garrafa até a metade com água e complete o restante com a vodca.

2 Jogue os três cravos-da-índia na garrafa e diga: *Pelo poder do três, conceda-me prosperidade!*

3 Adicione as gotas de óleo essencial de canela, de erva-cidreira e de patchouli, feche bem a tampa e agite bem a garrafa.

4 Então, segure a garrafa com as duas mãos e diga: *Prosperidade, por favor, venha a mim. Abundância, por favor, resida dentro deste spray.*

5 Borrife-o sempre que precisar de um pouco de dinheiro ou para aumentar a sua fortuna.

FEITIÇO DE LIDERANÇA DA SENHORA DO LAGO

Todos nós estamos familiarizados com as histórias do rei Arthur, por isso é importante relembrar que ele não alcançou o sucesso sozinho. Ele teve ajuda de um sábio mago chamado Merlin, de uma espada encantada, Excalibur, e da majestosa Senhora do Lago. Ela recebe muitos nomes, tudo depende de qual versão da lenda você leu. Ela pode ser Viviane, Nimue ou Morgana. Este feitiço, independente da alcunha, invoca a natureza divina da Senhora do Lago para auxiliá-la na superação de obstáculos e na coragem de assumir maiores responsabilidades. Se você estiver buscando a liderança dentro de uma comunidade, chame atenção para si mesma, ganhe reconhecimento público ou inicie uma carreira por conta própria; então, tal qual o rei Arthur, absorva a sabedoria da Senhora do Lago e tome para si a espada.

- Maçã vermelha;
- Prato;
- Uma lâmina de qualquer tipo (pode ser uma faca, um abridor de cartas, uma adaga, qualquer coisa que possa simbolizar uma espada);
- 1 vela palito azul;
- 3 gotas de óleo essencial de lírio-do-vale;
- Palitos de fósforo ou isqueiro.

1 Segure a maçã entre as suas mãos, feche os olhos e diga: *Querida Senhora do Lago, ofereço-te este presente.*

2 Coloque a maçã sobre o prato com a haste para cima. Insira a lâmina na maçã, de cima para baixo. Ela deve ficar completamente espetada na maçã. Se o peso da lâmina fizer a maçã tombar, segure-a para mantê-la equilibrada.

3 Então, diga: *Conceda-me coragem, conceda-me favores, não deixe minha força e minha liderança vacilarem.*

4 Feche os olhos e segure o cabo da lâmina. Imagine todos os obstáculos que você está enfrentando ou enfrentará. A seguir, visualize-se segurando uma espada magnificente e rompendo todas essas adversidades e energias negativas.

5 Corte a maçã ao meio e coloque as duas metades sobre o prato.

6 Unte a vela azul com o óleo essencial, esfregando-o do topo até a base. Enfie a vela em uma das metades da maçã.

7 Acenda-a e, conforme queima, diga: *Senhora do Lago, você, que tem muitos nomes, eu a honro acendendo a chama sagrada.*

8 Enquanto a vela estiver queimando, coma a outra metade da maçã e visualize-se sendo preenchida de coragem, força e poder, tudo o que você sentir que precisa para realizar as suas metas.

9 Uma vez que a vela tenha queimado por inteiro, pegue a outra metade da maçã, enterre-a no seu quintal ou jogue-a em um corpo de água, como um rio ou um lago. Lembre-se de agradecer à Senhora do Lago por seu auxílio.

ÓLEO TRIPLO DE INSPIRAÇÃO DA DEUSA BRIDGET

Bridget é a deusa celta da poesia, da cura e da arte. Com o tempo, ela se transformou na santa católica Brígida. Se você for uma escritora, uma atriz, uma artista ou apenas alguém tentando manifestar uma nova empreitada criativa, este óleo ajudará na tarefa. Use-o atrás das orelhas e na parte interna dos pulsos ou para untar velas e ferramentas utilizadas para questões criativas.

- Óleo de amêndoas;
- Garrafa de vidro na cor âmbar;
- 3 gotas de óleo essencial de sangue-de-dragão;
- 3 gotas de óleo essencial de âmbar;
- 3 gotas de óleo essencial de alecrim;
- 1 pitada de verbena;
- 1 porção de chili em flocos.

1 Despeje o óleo de amêndoas dentro da garrafa, deixando espaço para os óleos essenciais. Adicione os óleos de sangue-de-dragão, âmbar e alecrim.

2 Jogue a verbena na garrafa e diga: *Bridget, deusa, santa e loa, peço pelas suas bênçãos e inspiração divina; encante este óleo para que ele possa me curar.*

3 Jogue o chili em flocos na garrafa e diga: *Você, que segura a chama sagrada, coloque fama e criatividade dentro de mim.*

4 Feche a tampa e agite bem a garrafa. Use-a sempre que quiser potencializar sua criatividade ou auxiliar em algum processo de cura. Guarde-a em um lugar escuro, como um armário ou uma gaveta.

LOÇÃO LUNAR DE DIANA

Diana é a antiga deusa romana da lua e da floresta, a protetora das mulheres. Ela é a caçadora divina que, com o passar do tempo, tornou-se conhecida como a deusa das bruxas. As bruxas, como você já sabe, têm uma conexão profunda com a lua, por isso, esta pequena poção fortalece esse laço. Use a loção sempre que fizer algum feitiço que exija uma fase lunar específica (sobretudo se não estiver nela), ou quando você desejar intensificar sua conexão com a lua ou com Diana. Este feitiço não só deixará sua pele suave como a seda, como você também sentirá a sua magia amplificada.

- 4 gotas de óleo essencial de jasmim;
- 2 gotas de óleo essencial de lótus;
- 1 gota de óleo essencial de sândalo;
- 300 ml de hidratante corporal sem perfume.

1 Adicione as gotas de óleo essencial de jasmim, lótus e sândalo diretamente no recipiente de loção hidratante.

2 Misture os óleos na loção em movimentos horários com o seu dedo.

3 Ao mexer, diga: *Diana, deusa amada das bruxas, eu almejo por uma dádiva sua; encante esta loção com o poder da lua.*

4 Depois de incorporar os óleos ao hidratante, você pode mantê-los no mesmo recipiente ou transferir o seu conteúdo para outro pote.

INFUSÃO MÁGICA DE MANIFESTAÇÃO DAS BRUXAS

Ao longo da vida podemos sofrer bloqueios criativos, emocionais e espirituais. Este chá encantado limpa o caminho de bloqueios e evoca vibrações criativas, além de potencializar dons mágicos e psíquicos. Beba esta infusão enfeitiçada antes de dormir sempre em uma caneca preta para engrandecer seus poderes.

- 1 tigela pequena;
- 1 colher de sopa de camomila;
- 1 colher de sopa de erva-cidreira;
- 1 colher de sopa de lavanda;
- 1 colher de sopa de baunilha;
- Meia colher de sopa de artemísia;
- 300 ml de água quente;
- Coador de chá;
- Caneca (de preferência uma caneca preta);
- Leite;
- Mel.

1 Em uma pequena tigela, misture a camomila, a erva-cidreira, a lavanda, a baunilha e a artemísia.

2 Coloque essa mistura no coador e deixe-o na água por cinco minutos.

3 Peneire, se necessário, e despeje o líquido na caneca. Adoce-o com leite e mel, se desejar.

4 Encontre um lugar tranquilo e aconchegante para relaxar e beber o seu chá. Feche os olhos e visualize todos os bloqueios e obstáculos desaparecendo do seu caminho e mentalize sua imaginação e paixão retornarem com força total.

AFRODI-TEA (CHÁ DE AFRODITE)

Não há nada nesse mundo que se equipare a uma boa poção do amor. Os afrodisíacos são estimulantes mágicos da natureza para os sentidos, especialmente dos tipos românticos e mediúnicos. Como o nome sugere, Afrodite, a deusa grega do amor, do romance e do prazer, domina a arte dos afrodisíacos. Por isso, faça esta xícara de amor em uma noite de sexta-feira antes de um encontro para aumentar as suas chances de entrar em um relacionamento, ou acrescente este chá a outro feitiço de amor para intensificar o seu poder.

- 1 pequena tigela;
- 2 colheres de sopa de pétalas de rosas secas;
- 2 colheres de sopa de lavanda seca;
- Meia colher de sopa de jasmim seco;
- 1 colher de sobremesa de extrato de baunilha;
- 300 ml de água;
- Coador de chá;
- Xícara;
- Leite;
- Mel.

1 Em uma pequena tigela, misture as pétalas de rosa, a lavanda, o jasmim e o extrato de baunilha.

2 Adicione uma colher de sopa da mistura à água quente e deixe-a ali por pelo menos cinco minutos.

3 Coe o chá e despeje o líquido em uma xícara. Adoce-o com leite e mel, se desejar.

4 Beba o chá e deixe sua mente vagar, pensando sobre o amor ou alguém que você gostaria de manifestar.

FEITIÇO DE IMPEDIMENTO

Se você estiver em uma situação na qual outra pessoa demonstra hostilidade em relação a você, por meio de fofocas ou de interferências na sua vida de uma forma negativa, esse feitiço de impedimento pode ser apropriado para deixar o indivíduo "de castigo". Ela não machucará a pessoa em questão, nem causará qualquer dano físico, mas sim a impedirá de lhe causar mais sofrimento e desconforto. A menos que você queira fazer a sua própria boneca, você pode encontrar uma pronta em lojas de artesanato. Para fazer a sua, corte dois pedaços de tecido no formato de uma figura humana e costure-os juntos, enchendo o interior da boneca com algodão.

- Um pedaço de papel do tamanho de um post-it;
- Caneta vermelha;
- Caneta preta;
- Boneca de tecido em formato humano;
- Cordão preto;
- Uma caixa de sapatos vazia;
- Fita isolante preta.

1 Com a caneta vermelha, escreva o nome da pessoa em questão em um pedaço de papel. Se você souber a data de nascimento e o signo astrológico do seu alvo, anote-os também.

2 Com a caneta preta, desenhe nove linhas sobre o nome da pessoa, repetindo: *Tente o quanto for preciso, mas você não conseguirá resistir a este feitiço*, conforme risca o nome.

3 Pegue a boneca e anexe o papel nela com a ajuda do cordão. Enrole-o ao redor dela. Se essa pessoa estiver fazendo fofocas sobre você, passe o cordão sobre a face do boneco, mas sem esquecer de também prender os braços e as pernas. Conforme faz a amarração, repita as palavras, *Eu o impeço (nome) de me fazer mal. Você estará impedido pelo meu feitiço até que recue.*

4 Com a parte do cordão que sobrou, dê três nós nele após amarrar a boneca.

5 Uma vez que ela tenha sido totalmente amarrada, coloque-a na caixa de sapatos e sele-a com fita isolante. Esconda-a então no fundo do seu armário, garagem ou sótão.

6 É possível desfazer o feitiço a qualquer momento recuperando a boneca e cortando o seu cordão com uma tesoura enquanto repete o seguinte encantamento: *Eu espero que você tenha tirado um tempo para pensar. Agora é hora de romper esta ligação.* Então, jogue um pouco de sal sobre a boneca e queime o papel. Você também pode optar por fazer uma limpeza usando fumaça, sal e um pouco de água caso queira reutilizar a boneca com outra pessoa ou com um propósito diferente. Outra opção é apenas queimar a boneca.

RITUAL DE MANIFESTAÇÃO MATERIAL DE JÚPITER

Júpiter é o rei dos deuses; ele governa os céus e observa a humanidade de longe. Este deus tem grande apreço por moedas douradas e outros tipos de tesouros. Logo, quem melhor do que ele para fazermos pedidos que envolvam um pouquinho de luxo? Se você conseguir trazer Júpiter para o seu lado, o céu é o limite. Faça este ritual em uma quinta-feira, o dia dedicado a esta divindade.

- Vela palito vermelha;
- Palitos de fósforo ou isqueiro;
- Prato à prova de calor (preferivelmente de cerâmica);
- Imagem ou foto de uma águia;
- 1 pitada de agrimônia;
- 1 pitada de milefólio;
- 1 pitada de camomila;
- Algo que simbolize aquilo que você deseja (as chaves para um novo carro ou uma nova casa, um pedaço de papel com uma quantidade de dinheiro anotada nele, um guia de viagens etc.);
- Um pedaço de tecido roxo (7x7 cm);
- Um pedaço de lápis-lazúli (lapidado ou não).

1 Aqueça o fundo da vela palito com o fósforo e a apoie no prato.

2 Coloque a imagem da águia na frente do prato e da vela.

3 Coloque as duas mãos sobre a imagem e diga: *Poderoso Júpiter, senhor dos céus, eu o invoco agora. Por favor, ouça-me e responda.*

4 Jogue pitadas de agrimônia, milefólio e camomila, uma erva de cada vez, em movimentos circulares sobre a vela.

5 Coloque as duas mãos diretamente sobre a vela e diga: *Como Circe e Medeia, eu uso as ervas por seus poderes. Ó, Júpiter, por favor, fortaleça o meu feitiço neste momento.*

6 Acenda a vela. Conforme queima, segure o item que simboliza o seu desejo e feche os olhos. Foque-se na sua intenção. Imagine a coisa que deseja. Veja-se jogando com seu novo videogame, assistindo um filme na sua nova televisão, ou entrando no seu belíssimo e novo lar — não importa qual seja o seu desejo material.

7 Deixe a vela queimar até o fim.

8 Uma vez que ela tenha apagado por completo, recolha fragmentos de ervas e de cera que possam ter sobrado no prato e envolva-os no tecido roxo, junto da imagem da águia e do lápis-lazúli.

9 Mantenha este talismã sobre o seu altar, perto da janela ou na sua mesa de cabeceira, até conseguir aquilo que deseja.

10 Assim que receber a sua manifestação, agradeça a Júpiter e queime o talismã com segurança, soprando as cinzas para fora da janela ou da porta da frente da sua casa. Enterre a pedra ou resíduos que não tenham queimado por completo.

DELICIOSO BOLO DO DIABO

Embora seja um equívoco bastante comum à crença judaico-cristã de que as bruxas idolatram uma figura conhecida como Satã, na bruxaria e no folclore tradicional elas trabalham com uma entidade ou espírito geralmente chamada de "diabo". Contudo, essa entidade é um professor da sabedoria, e costuma ser uma reinvenção moderna de antigos deuses pagãos. Você sente que talvez esteja presa demais à sua rotina? Teme fazer magia ou praticar a bruxaria? Talvez você esteja pensando demais e passando tempo demais tentando seguir as regras. Antes de obter o que você deseja, é preciso estar aberta a esse desejo. Para isso, experimente um pouco deste bolo alcóolico e molhadinho.

- Uma caixa de mistura pronta de bolo de chocolate;
- Óleo, ovos e água (ou outros ingredientes presentes nas instruções do pacote);
- Um garfo de prata;
- 200 ml de rum escuro;
- Uma vela de aniversário vermelha;
- Palitos de fósforo ou isqueiro.

1 Faça o bolo do diabo seguindo as instruções da embalagem de mistura pronta.

2 Após assá-lo, coloque-o sobre a bancada para esfriar por cinco minutos e então desenforme-o.

3 Com o seu garfo de prata, faça buracos por toda a superfície do bolo enquanto diz: *Eu faço este bolo para seduzir o diabo; ensine-me a magia, pois sou uma rebelde.*

4 Despeje o rum sobre o bolo, depois aguarde mais trinta minutos.

5 Corte um pedaço do bolo para si mesma e enfie a vela de aniversário na fatia.

6 Acenda-a e diga: *Diabo, por favor, conceda-me o meu desejo pois, assim como este bolo, eu gostaria que minha vida fosse deliciosa.*

7 Feche os olhos, respire profundamente, e imagine-se livre de regras ou qualquer outra coisa que possa estar pesando sobre você. Pense sobre a sua magia e tudo o que deseja alcançar.

8 Apague a vela e coma o bolo.

9 Você pode guardar o restante do bolo para você, ou partilhá-lo com amigos e familiares que possam precisar se soltar um pouquinho mais.

ALMOFADA PROFÉTICA DE APOLO

Apolo é o deus greco-romano da cura, da música, do sol e da profecia. Seu templo sagrado de Delfos era famoso por abrigar a sacerdotisa conhecida como Pítia, o oráculo que revelava profecias, previsões, presságios e palavras de sabedoria. Por todo o mundo, pessoas peregrinavam até esse templo sagrado para receberem visões. Faça esta almofada em uma tarde de domingo e durma com ela sempre que precisar expandir seus dons proféticos. Se você tiver algumas ferramentas divinatórias, como cartas de tarô, oráculos ou um pêndulo, você pode deixá-las próximas, sob ou no topo da almofada, para fortalecer as vibrações psíquicas delas.

- 2 quadrados de tecido roxo (7x7 cm);
- Agulha de costura;
- Linha roxa;
- 3 pitadas de artemísia;
- 3 pitadas de lavanda;
- 3 pitadas de erva-cidreira;
- 3 folhas de louro;
- 1 ametista pequena;
- 1 citrino pequeno.

1 Coloque os pedaços de tecido um sobre o outro, então costure três lados desse tecido usando a agulha e a linha roxa.

2 Vire a almofada do avesso para que a costura fique do lado de dentro e encha-a com as ervas e cristais. Depois, costure-a para fechá-la.

3 Segure a almofada entre as mãos e diga: *Senhor Apolo, espírito da luz, por favor, conceda-me o dom da visão.*

4 Coloque a almofada profética dentro da fronha do seu travesseiro para dormir sobre ela.

5 Fique atenta a sonhos obscuros e sempre os anote depois de acordar. Sem pressa, trabalhe com suas ferramentas divinatórias e confie sempre na sua intuição.

SACHÊ DRUÍDICO DE VERBENA

Uma erva sagrada para os druidas, a verbena tem múltiplas propriedades mágicas, como estimular o amor e o desenvolvimento psíquico, oferecer proteção e potencializar feitiços e magia. Autodenominar-se uma bruxa, ou praticar bruxaria, é algo que pode estigmatizar você e transformá-la em objeto de deboche ou fofoca. Por isso, carregue consigo este sachê, não só para receber o poder desta erva antiga, mas também para ter proteção contra todos aqueles que possam lhe causar mal.

- 2 quadrados de tecido preto (7x7 cm);
- Agulha de costura;
- Linha preta;
- 3 colheres de sopa de verbena;
- 1 colher de sopa de sal.

1 Coloque os pedaços de tecido um sobre o outro e costure três lados desse tecido.

2 Encha o seu sachê com o sal e a verbena, depois feche-o.

3 Segure-o entre as mãos, feche os olhos, e diga: *Erva sagrada das bruxas e dos druidas, proteja-me de fofocas, maldades e pessoas ruins. Aumente o meu poder, fortaleça a minha mágica, e faça com que aqueles que me desejam o mal recebam tudo aquilo que merecem.*

"VOCÊ JÁ FEZ UM PEDIDO A UMA ESTRELA?" – FEITIÇO DE MANIFESTAÇÃO

Se você já assistiu ao filme da Disney, Pinóquio, ou leu contos de fadas quando criança, então tem uma boa ideia do que significa fazer um pedido a uma estrela cadente. No tarô, a carta A Estrela representa esperança, por isso, quando aparece em uma leitura, significa que você não deve desistir de seus sonhos ou de seus objetivos. Faça este feitiço durante a lua nova ou em uma noite de segunda-feira, quando quiser que o desejo seja concedido, independentemente do quão distante ou impossível ele seja.

- 1 palito de incenso de jasmim;
- 1 porta-incenso;
- Palitos de fósforos ou isqueiro;
- Vela palito branca;
- Porta-velas;
- Carta de tarô A Estrela.

1 Quando estiver sozinha em um lugar no qual se sinta confortável, acenda o incenso, balançando-o ao seu redor enquanto queima a fim de espalhar a fumaça para que ela purifique o ar energize o espaço para a magia que está prestes a ser realizada. Depois, coloque-o no porta-incenso.

2 Acenda a vela palito branca.

3 Retire a carta A Estrela do baralho de tarô, passe-a pela fumaça do incenso com movimentos ondulantes e diga: *Estrela luminosa, estrela brilhante, faça com que meu desejo se torne realidade esta noite.*

4 Balance a carta sobre a chama da vela (muito cuidado para não se queimar ou queimar a carta) e diga: *Como a chama do desejo puro, que meu pedido se acenda com o fogo.*

5 Foque-se no seu pedido enquanto espera que o incenso e a vela queimem completamente.

6 Coloque a carta A Estrela sobre o seu altar, ou cole-a no espelho e deixe-a lá por uma semana, para que você possa vê-la todos os dias e se lembrar de manter as esperanças.

CADARÇO DO DIABO

O cadarço-do-diabo é uma raiz muito popular dentro do hudu e dos conjuros sulistas, podendo ser usada em feitiços de sorte, apostas, para impedir fofocas, remover pragas e maldições, conseguir um emprego ou uma promoção. Esta raiz pode ser encontrada em lojas online ou em algumas lojas físicas, esotéricas ou naturais. Faça esse amuleto em um sábado e carregue-o consigo sempre que precisar de um pouco mais de sorte ou quiser que a balança penda mais para o seu lado, como ao pedir por uma promoção, concorrer a um emprego, pedir um favor, ou forçar um resultado favorável em determinada decisão.

- 3 pedaços de cadarço-do-diabo;
- 1 saquinho vermelho de algodão ou de flanela;
- 3 moedas (de qualquer tipo);
- 2 dados.

1 Segure os três pedaços de cadarço-do-diabo nas mãos e diga: *Eu seguro o diabo pela cauda e com sua sorte eu triunfarei.* Coloque-os no saquinho.

2 Segure as três moedas e diga: *Pelo três vezes três e pelo nove vezes nove, faça com que meu desejo se realize.* Adicione as moedas ao saquinho.

3 Segure os dados e diga: *Em meu favor, a sorte terá ajudado; três vezes eu jogo o dado.* Acrescente os dados ao saquinho.

4 Por fim, feche o saquinho selando-o com três nós.

CHAVE-MESTRA DE HÉCATE

Hécate é uma das deidades mais antigas associadas à feitiçaria. Uma titã primordial da Grécia antiga, ela é a deusa da lua, do submundo, da bruxaria e das encruzilhadas, sendo geralmente retratada com três faces. Faça este encantamento em uma lua negra (a noite anterior à lua nova, um período sagrado para essa deusa). Carregue este amuleto consigo sempre que as coisas parecerem difíceis. A chave-mestra de Hécate pode abrir qualquer porta e superar qualquer obstáculo. Ela ajudará a estimular as pessoas a dizerem "sim" em vez de "não". Além disso, ela também potencializará o despertar do seu terceiro olho e dos seus poderes mediúnicos a fim de que você possa se comunicar com os espíritos e se conectar mais profundamente aos seus guias espirituais. Não se surpreenda se, após a confecção deste amuleto, você passar a ter sonhos vívidos; por isso, preste atenção a todo tipo de sinais, pois Hécate pode estar enviando mensagens para você.

- Palitos de fósforo ou isqueiro;
- 1 palito de incenso de olíbano;
- 1 porta-incenso;
- 1 chave antiga;
- 1 gota de azeite de oliva;
- 1 pequeno prato preto;
- 1 pitada de lavanda;
- 3 folhas de louro maceradas;
- 1 pitada de cevada (você pode substituir por camomila).

1 Acenda o incenso e coloque-o no porta-incenso. Besunte a chave com azeite de oliva, segure-a em sua mão esquerda e diga: *Hécate, eu a invoco, por favor, encante esta chave sagrada!*

2 Coloque a chave sobre o prato. Jogue a lavanda sobre ela e diga: *Erva dos sonhos, da limpeza e da renovação, revitalize meu poder e energize-o!*

3 Faça o mesmo com o louro e diga: *Erva sagrada ao deus da luz, encante esta chave nesta noite sombria!*

4 Jogue a cevada (ou camomila) e diga: *Hécate, eu honro a ti, e continuarei a honrar-te enquanto carregar esta chave junto a mim!*

5 Passe a chave através da fumaça do incenso e diga: *Em nome de Hécate, eu encanto esta chave. Que todas as portas se abram para mim!*

6 Descarte o prato de ervas no seu quintal. Durma com a chave sob seu travesseiro por três noites. Você pode amarrar a chave em um cordão e usá-la no pescoço, colocá-la sobre o seu altar ou apenas carregá-la no bolso.

CAPÍTULO 7

Liberdade para Criar

Olha, não tem nada mais mágico do que fazer magia! Quanto mais familiarizada com os conceitos básicos da bruxaria, os feitiços e os rituais presentes neste livro, mais confortável você se sentirá para fazer alterações e até mesmo personalizar os encantamentos para que eles se encaixem melhor dentro das suas necessidades.

Alguns feitiços precisam ser realizados em dias fixos ou em fases lunares específicas, mas, como já discutimos anteriormente, sempre há espaço para adaptações. Precisa que um feitiço seja feito durante a lua cheia? Por que esperar mais três semanas para fazer o seu trabalho? Faça-o em uma noite de segunda-feira, um dia conectado à energia lunar e à magia. Isso não é trapacear e muito menos afetará a eficácia do seu encantamento. Você ainda estará usando as energias certas, mas de maneiras diferentes.

Personalizando feitiços e rituais

Ao começar uma prática espiritual como a bruxaria, é sempre recomendado que você siga algumas regras e diretrizes. Contudo, a menos que você seja wiccana (seguidora e iniciada na religião Wicca), ou faça parte de outro grupo religioso, não é preciso se preocupar com a estrutura da sua magia, porque, no fim das contas, é a *sua* arte. É possível que algumas pessoas se sintam desconfortáveis em modificar feitiços e rituais que vemos nos livros por medo de estragarem alguma coisa ou de sabotarem o resultado desejado. Entretanto, no trabalho com feitiços, o que importa é a energia que emana de você. A sua intenção é o ingrediente principal.

    Uma coisa importante para se ter em mente é que a bruxaria é uma prática folk e regional construída com base em crenças coletivas. Por exemplo, uma bruxa irlandesa usaria ingredientes diferentes para fazer um feitiço de amor que uma bruxa caribenha. Por quê? Porque a agricultura é diferente, a relação das pessoas com as plantas é diferente, e até mesmo os espíritos presentes são diferentes. Hoje, temos acesso à internet e a lojas físicas de todo tipo de crença espiritual ou cultural, que disponibilizam todo tipo de erva ou cristal. Se observarmos o século XVII, descobriremos que a maior parte das ervas e ferramentas utilizadas pelas praticantes de magia daquela época eram encontradas localmente, e que seus feitiços exigiam no máximo um ou dois ingredientes difíceis de achar, mas que poderiam ser adquiridos por meio de troca ou em feiras de rua. A maioria dos feitiços modernos evoluíram a partir de encantamentos de séculos anteriores e, por isso, podem listar itens que sejam raros para a maioria de nós — ainda que fossem comuns no passado. Grande parte das ervas e itens listados neste livro são fáceis de adquirir, mas, independentemente do quão acessíveis sejam, não há problema algum em fazer alterações quando necessário.

Modificando ingredientes

Alguns feitiços exigem ervas raras e venenosas, como a *Atropa belladonna* (beladona) ou a datura (trombeta). Ainda que sejam difíceis de encontrar atualmente, no passado, elas costumavam ser colhidas de jardins ou florestas locais. Se você se deparar com algum feitiço que demande ervas raras, caras ou perigosas, substitua-as por ingredientes mais acessíveis e ainda potentes. O alecrim, por exemplo, pode substituir qualquer planta ou erva que você não possa obter de outra forma. O mesmo acontece com itens zoológicos, como ossos de animais, pés, garras, pelo, pele ou dentes, muito comuns em alguns rituais e feitiços. Claro, a maior parte desses materiais *pode* ser encontrada online, mas, antes de comprá-los, você precisa saber se foram extraídos de forma ética. Contudo, se você não quiser usar esses aparatos estranhos por questões pessoais ou simplesmente não os encontrar, a pedra-de-sangue é uma ótima substituta. O mesmo pode ser dito de itens como cristais e outras pedras. Você está fazendo um feitiço que pede lápis-lazúli, mas você não tem nenhum em casa? Use o quartzo transparente, que pode substituir qualquer pedra ou cristal de forma muito bem-sucedida.

Os encantamentos presentes neste livro exigem ervas comuns e muito populares dentro da bruxaria. Se você for iniciante ou ainda estiver "dentro do armário de vassouras", contudo, pode ter dificuldade em encontrar essas ervas. É nessa hora que o alecrim se tornará o seu melhor amigo. A verbena, presente no Ímã de Verbena para Manifestações, por exemplo, pode ser facilmente trocada por um pouco de alecrim. Se estiverem faltando alguns tons de cores na sua coleção de velas, uma vela branca pode ser usada, pois ela pode representar todas as cores. Se você não se sentir à vontade para dizer o feitiço em voz alta, escreva-o ou recite-o mentalmente. Se não tiver um quintal onde enterrar os resíduos e restos de encantamentos, recicle-os ou enterre-os em vasos de plantas. Não importa qual será a sua abordagem, desde que você sempre use sua intuição. Há alguma coisa que você gostaria de acrescentar a um feitiço para dar um toque pessoal ou aumentar o potencial mágico do encantamento? Então faça isso.

Fazer modificações ou substituições estimula uma relação confortável e familiar com as ferramentas e o processo mágico dos feitiços. Por exemplo, a maioria dos rituais costuma ser bastante teatral, mas, se você estiver trabalhando sozinha, pode ficar tranquila: as energias entenderão o que você deseja manifestar. É claro que não quero dizer que você não deva se esforçar no ritual, mas sim que você pode se empenhar e colocar mais energia na conexão com o espírito, ou na sua própria intenção, do que na performance ritualística.

Criando seus próprios feitiços e rituais

Depois de pegar o jeito dos feitiços e rituais presentes neste livro, você pode tentar criar os seus próprios trabalhos mágicos. Isso fortalecerá suas habilidades de manifestação, estimulará sua conexão com a bruxaria e aprofundará sua ligação com o mundo espiritual e com as energias ao seu redor. Confira dicas simples sobre como começar a criar seus próprios feitiços e rituais.

Escreva o seu grimório: Um grimório (conhecido na Wicca como "Livro das Sombras") é um caderno no qual a bruxa anota sua coleção pessoal de correspondências mágicas, encantamentos e rituais. Nele, você deve manter registros da sua prática. Comece um anotando feitiços e rituais que já tenha feito e dos quais tenha gostado. Você também pode catalogar todas as correspondências mágicas contidas neste livro na primeira página do seu grimório para encontrá-las rapidamente, sempre que precisar. Ao criar o seu próprio grimório, você terá um lugar dedicado especificamente à referência de feitiços e a informações essenciais para a arte mágica.

Decida o seu objetivo, o seu propósito ou a sua intenção: O que você deseja realizar? Como já mencionamos no início do livro, primeiro você precisa identificar o seu objetivo, o seu propósito ou a sua intenção antes de qualquer feitiço ou ritual, até mesmo dos que criar por conta própria. Sempre medite sobre o que deseja e seja o mais específica possível.

Escolha as suas ferramentas e os seus ingredientes: O próximo passo na criação do seu próprio feitiço é decidir o que você deseja utilizar para manifestar o seu desejo. Revisite sua lista de correspondências mágicas de ervas e cristais para descobrir quais ingredientes têm as melhores associações para o seu trabalho. Lembre-se da prática da magia simpática. Ao escolher ferramentas, seja criativa e selecione aquelas que mais representam o seu desejo. Quer comprar um carro novo? Oras, use um modelinho de Hot Wheels para representá-lo. Gostaria de atrair um novo parceiro amoroso? O Ken e a Barbie podem ser uma ótima representação do amor dos seus sonhos.

Quando será o momento mágico? O próximo passo envolve coordenar o tempo certo para colocar as coisas em andamento. Você fará o seu feitiço na hora das bruxas? Qual dia você escolherá? Revisite as correspondências neste livro, ou no seu grimório, até encontrar o dia e a hora adequados. Também pode ser interessante pesquisar por feriados e celebrações significativas que se correlacionem com aquilo que você deseja manifestar.

A quem você vai pedir e o que você vai dizer? Você invocará deidades ou guias espirituais? Após decidir se incluirá esses espíritos e energias nos seus rituais ou feitiços, você deve acrescentar oferendas, símbolos ou itens significativos que os atrairão para o seu trabalho. Se você utilizar palavras de poder ou cânticos no seu feitiço, reflita sobre cada um deles — suas palavras podem rimar, podem ser ditas em voz alta, permanecer apenas na sua mente ou serem apenas escritas.

Escreva e faça acontecer: Uma parte essencial sobre a confecção da sua própria mágica é anotá-la, em um papel ou, mais especificamente, no seu grimório. Você pode detalhá-la ou optar pela simplicidade, mas lembre-se de incluir os ingredientes necessários, o porquê de tê-los escolhidos, os passos indispensáveis para concluir o seu feitiço ou quaisquer outros detalhes-chave. Uma vez que tudo esteja registrado, é o momento de botar a mão na massa e fazer a magia acontecer.

Correspondências mágicas

Agora você está pronta para levar suas manifestações a outro nível, uma vez que estão aliadas às habilidades e ferramentas aprendidas neste livro. Lembre-se que a manifestação não é apenas desejar por algo, ou querê-lo desesperadamente. Você precisa acreditar que conseguirá obtê-lo ou que fará algo acontecer apesar de todos os obstáculos presentes em seu caminho. A manifestação envolve acreditar que algo acontecerá apesar de todas as circunstâncias dizendo o contrário. Se acreditar nisso, então assim será.

É aqui que a fé e a imaginação entram em jogo. Você se lembra de como era brincar de piratas? Dar chá às suas bonecas? Você já matou um dragão quando era criança? Este é o momento de se reconectar com a sua criança interior. Ao fortalecer sua imaginação, você será capaz não só de manifestar como uma profissional, mas também de criar feitiços como a bruxona que você é. Isso ocorre devido a uma combinação dos desejos da bruxa, da sua imaginação e da essência espiritual presente nos ingredientes escolhidos, que liberam suas intenções para o universo. De qualquer forma, quem faz a mágica é você.

Antes de mais nada, aumente suas habilidades de manifestação ao se permitir querer coisas. Acredite que nada está fora do seu alcance. Não há limites. Você quer ser uma estrela de cinema? Faça acontecer. Obviamente, você sempre precisará trabalhar junto da magia, fazendo aulas de teatro, participando de audições para filmes etc., mas nada é impossível. Esta é a primeira coisa em que você precisa acreditar e aceitar para conseguir o que deseja. O próximo passo é o comprometimento. Uma mera velinha acesa não vai transformar ninguém na próxima Lady Gaga ou no Denzel Washington. Você precisa de trabalho mundano para potencializar o trabalho mágico. Trabalhe para realizar o seu objetivo.

Ao fazer o trabalho com feitiços, você precisa estar totalmente presente. A magia envolve dedicação, comprometimento e envolvimento. Então, antes de embarcar nela, estude o máximo possível sobre tradições e costumes mágicos, ferramentas mágicas e os seus ingredientes. Por que é que as bruxas preferem uma determinada erva em detrimento de outra? Quanto mais você descobrir sobre as ferramentas e itens que estiver utilizando, mais você se conectará com eles, e eles com você. Conhecimento é poder. Agora, foque-se na sua intenção, pense naquilo que deseja manifestar neste momento, e permita que a manifestação e a magia comecem.

A seguir você encontra correspondências mágicas para começar a praticar suas manifestações.

CORES DE VELAS

Preto: sabedoria, morte, renovação e ressurreição.

Azul: paz e tranquilidade.

Marrom: terra, força, equilíbrio, justiça, magia da terra, feitiços para bichinhos de estimação e outros animais e espíritos da natureza.

Dourado: abundância, prosperidade, atração e dinheiro.

Cinza: conhecimento, comunicação, contato com espíritos, sabedoria e neutralização de energias negativas.

Verde: sorte, prosperidade, riqueza, fertilidade, estabilidade, abundância e sucesso.

Índigo: renovação, relaxamento, reflexão e novos começos.

Laranja: energia, exuberância, coragem, o sol, resultados positivos, sucesso no trabalho e realização de desejos.

Rosa: afeição, compaixão, beleza, fidelidade, um novo amor, felicidade, relações românticas, monogamia e casamento.

Roxo: realeza, o divino, poder e o sobrenatural.

Vermelho: força vital, vitalidade, atração, sensualidade, desejo, ambição, virilidade, força, nascimento, morte, alcançar objetivos, superar obstáculos e amor.

Prateado: clarividência, maternidade, casamento, trabalho psíquico, dinheiro, estabilidade financeira e paz.

Branco: vida, fertilidade, nutrição, bondade, equilíbrio, morte e estrutura.

Amarelo: brilhantismo, alegria, claridade, visão interior, clarividência, contrafeitiços, abertura de caminhos, proteção e aconselhamento.

ERVAS

Damiana: amor, sexo, afrodisíaco, luxúria, paixão, romance e atração.

Jasmim: magia da lua, amor, energia feminina, espiritualidade, paz, dinheiro, sexualidade e saúde.

Alecrim: proteção, limpeza, amor, longevidade, saúde e potencializador de magia.

Pimenta-da-jamaica: cura, sorte, atrair negócios, dinheiro e prosperidade.

Angélica: alegria, felicidade, empoderamento, comunicação com espíritos, proteção e cura.

Anis: desenvolvimento psíquico, proteção contra o mal e comunicação com espíritos.

Manjericão: felicidade, dinheiro, autoconfiança, amor e proteção.

Louro: desejos, sucesso, cura, visões psíquicas, limpeza, sabedoria e poder.

Erva-dos-gatos: amor, sexualidade, paz e proteção para crianças.

Canela: dinheiro, proteção, aumento de energia, aumento de espiritualidade, sucesso e libido.

Cravo-da-índia: dinheiro, sorte e amizade.

Lavanda: proteção, sono, felicidade, paz, projeção astral, meditação, amor e purificação.

Capim-limão: purificação, abertura de caminhos, lar terreno, trabalho espiritual e limpeza.

Artemísia: poderes psíquicos, sonhos proféticos, projeção astral, proteção diária, trabalho espiritual, força, trabalho com deidades, necromancia e adivinhação.

Noz-moscada: sorte, aumento de energia, dinheiro, elevar as vibrações e potencializar a consciência psíquica.

Pimenta-do-reino (preta ou branca): proteção, lei do retorno, para aterramento e desfazer feitiços.

Rosa: amor, paz, sexo, romance, beleza e autoestima.

Sálvia: calma, longevidade, sabedoria, relaxamento, inspiração, limpeza e defumação espiritual.

Tomilho: sorte, sonhos, dinheiro, estabilidade financeira e paz.

Valeriana: amor, purificação, casamento, lei do retorno, purificação ritualística e sono.

Verbena: proteção, afrodisíaco, inspiração, proteção, desfazer feitiços e proteção espiritual.

Absinto: profecia, desenvolvimento psíquico, cura, criatividade, amor, paz, sabedoria e magia ancestral.

Milefólio: amor, fortalecimento de habilidades psíquicas, sabedoria, coragem, saúde mental e clareza.

Cinco-em-rama: proteção, purificação, sorte, adivinhação, feitiçaria, saúde e cura.

ÓLEOS

Âmbar: dinheiro, sensualidade, energia da deusa, desenvolvimento psíquico, trabalho ancestral e proteção.

Bergamota: dinheiro, felicidade, limpeza e paz.

Canela: dinheiro, sorte, coragem, vitalidade e sucesso.

Cipreste: cura, conforto, luto e longevidade.

Sangue-de-dragão: magia, poder, proteção, cura, sorte e pureza espiritual.

Eucalipto: cura, proteção e abertura de caminhos.

Olíbano: proteção, purificação, espiritualidade, meditação, ansiedade, acalmar medos, tranquilidade e para atingir níveis de consciência elevados.

Lótus: magia egípcia, sabedoria, benção e magia da deusa.

Madressilva: prosperidade, consciência psíquica, proteção, para adoçar a vida, visão interior espiritual e realização de objetivos.

Jasmim: autoconfiança, amor, sexo, dinheiro, paz, espiritualidade, visão interior e magia da lua.

Almíscar: coragem, energia masculina, fertilidade, atração, luxúria e magia do sexo.

Mirra: proteção, purificação, meditação, aterramento, autoconfiança, despertar espiritual e defumação espiritual.

Flor de laranjeira: alegria, dinheiro, felicidade, desenvolvimento pessoal e banimento de pensamentos negativos.

Azeite de oliva: purificação, limpeza, energia divina, despertar espiritual, trabalho espiritual e purificação ritualística.

Patchouli: fertilidade, energia física, romance, companheirismo, o Eu divino, atração e dinheiro.

Hortelã: proteção, calma, sabedoria, espiritualidade, limpeza, felicidade e estímulos positivos.

Rosa: beleza, amor, sexo, paz, proteção psíquica e honestidade.

Sândalo: realização de desejos, cura, espiritualidade, proteção, despertar sexual, atração e níveis elevados de consciência.

Baunilha: amor, magia, consciência mental, energia, sexo, relacionamentos e saúde mental.

Violeta: amor, realização de desejos, cura, tranquilidade e paz

CICLOS LUNARES

Lua nova: novos começos, verdades reveladas, despertar espiritual, limpeza, proteção do Eu e do lar, e feitiços de impedimento.

Lua crescente: feitiços de dinheiro, estabilidade financeira, para atrair um emprego, intensidade energética, crescimento e abundância.

Lua cheia: perfeita para processos de cura, realização de desejos, magia da deusa, prosperidade, trabalho espiritual, magia do amor e atração.

Lua minguante: apropriada para feitiços de banimento, expurgo, remoção de negatividade, proteção, mudança e liberação.

DIAS DA SEMANA

Domingo: o dia do Sol; manifestação, energia masculina, poder divino, coragem, feitiços para a felicidade, sucesso e oportunidades de emprego.

Segunda-feira: o dia da Lua; deidades lunares, trabalho com sonhos, crescimento espiritual, trabalho psíquico e de adivinhação, cura e limpeza.

Terça-feira: o dia de Marte; coragem, resolução de conflitos, virilidade, aquisição de sabedoria ou superação de obstáculos.

Quarta-feira: o dia de Mercúrio; desenvolvimento pessoal, comunicação, adivinhação, viagens, amizade e comunicação com os espíritos.

Quinta-feira: o dia de Júpiter; dinheiro, questões legais, sorte e sucesso.

Sexta-feira: o dia de Vênus; amor, amizade, arte, criatividade, prazer e fertilidade.

Sábado: o dia de Saturno; feitiços de banimento, contrafeitiços, limpeza, cura, lei do retorno e motivação.

PEDRAS

Ágata: saúde, sorte e apostas.

Âmbar: amor, sorte e transformação.

Ametista: consciência psíquica, visão interior, cura, representação do chakra coronário, trabalho espiritual e, também, é utilizada na luta contra os vícios.

Azeviche: proteção, magia da terra, limpeza espiritual e aumento da manifestação.

Citrino: prosperidade, abundância, dinheiro, foco e resistência.

Cornalina: criação, criatividade, força vital, medo, estabilidade, virilidade e saúde.

Heliotrópio: "pedra da coragem"; utilizada para purificação, remoção de negatividade e equilíbrio.

Hematita: saúde, aterramento, lei do retorno, relaxamento, paz e trabalho espiritual.

Lágrimas de Apache: para proteção, conforto, magia ancestral e limpeza.

Lápis-lazúli: energia divina, proteção e saúde.

Obsidiana: proteção, desfazer maldições, aterramento e trabalho espiritual.

Olho de tigre: aterramento, criatividade, sabedoria, visão interior, equilíbrio emocional e, também, é utilizada para elevar as vibrações.

Pedra da lua: magia da lua, equilíbrio, reflexão, novos começos, energias criativas e visão interior/intuição potencializada.

Pedra jaspe: proteção e clareza mental.

GLOSSÁRIO

Você perceberá que nem todas as palavras listadas aqui estão neste livro; contudo, elas foram selecionadas para este glossário a fim de promover um melhor entendimento da magia.

Altar: uma mesa ou espaço secreto que é utilizado para rituais, sacrifícios, oferendas ou feitiços.

Adivinhaça: a prática de buscar conhecimento sobre o futuro ou sobre o desconhecido por meio do uso do sobrenatural ou de objetos e outras ferramentas.

Amuleto: um ornamento usado para proteger contra o mal, contra os perigos ou evitar doenças.

Boneca: uma boneca, geralmente cheia de ervas, usada para representar uma pessoa ou deidade específica para propósitos mágicos.

Capnomancia: um método divinatório em que se lê a fumaça deixada após o fogo ter sido extinguido.

Consagrar: tornar algo sagrado, geralmente um instrumento que será utilizado para propósitos mágicos ou espirituais.

Deidade: um deus, uma deusa ou um espírito divino.

Esbá: celebração da lua nova e da lua cheia.

Grimório (ou Livro das Sombras): um livro composto de textos mágicos geralmente escrito por um praticante da arte, no qual há correspondências mágicas, selos e sigilos, feitiços e outras informações importantes.

Hudu: magia folk estadunidense que engloba tradições africanas, nativo-americanas, judaicas, católicas, cristãs e europeias.

Juju: costume do oeste africano que consiste em incorporar objetos como amuletos, feitiços e talismãs em práticas religiosas.

Libanomancia: adivinhação que envolve a observação da fumaça do incenso.

Magia do sexo: qualquer tipo de atividade sexual usada para propósitos mágicos, ritualísticos ou espirituais, geralmente ligando a excitação sexual com a visualização de um resultado desejado a fim de que este seja potencializado energeticamente e espiritualmente por meio de orgasmos.

Maldição: um tipo de feitiço ou encantamento; em geral, é usado para propósitos negativos e com intenções maléficas, como a de conseguir vingança.

Mau-olhado: má sorte provocada magicamente por intermédio de outra pessoa, ou pela quebra de alguma superstição ou crença popular.

Novena: oriunda da palavra latina que significa "nove", um tipo específico de reza tradicional dentro do cristianismo e do catolicismo.

Pagão: alguém de crença não abraâmica, que não seja cristão, judeu ou muçulmano, e esteja possivelmente ligado a crenças espirituais antigas.

Piromancia: adivinhação por meio da observação das chamas do fogo.

Presságio: um sinal ou evento que carrega consigo significância profética boa ou ruim.

Purificação: limpeza, seja física ou espiritual.

Sabá: os dias sagrados das bruxas; por exemplo, há oito dentro da Wicca, como o Beltane e o Samhain.

Sigilos: símbolos mágicos de poder que tenham sido pintados ou gravados.

Talismã: um objeto, gravado ou feito à mão, que guarda em si poderes e energias mágicas.

Ungir: besuntar algo (uma vela, por exemplo) com óleos.

Vevê: símbolos espirituais específicos que se associam a diferentes loás (deuses) e espíritos do vodu.

Vigília: um período de observação devocional que se refere tipicamente a um feitiço ou ritual que dure diversas horas ou até mesmo mais de um dia.

Wicca: uma religião neopagã bastante reconhecida que foi fundada, na década de 1960, por um bruxo britânico chamado Gerald Gardner.

REFERÊNCIAS BIBLIOGRÁFICAS

BARRETT, FRANCIS. *The Magus: A Complete System of Occult Philosophy*. Newburyport, MA: Red Wheel Weiser, 2000.

BLAVATSKY, H.P.; GOMES, MICHAEL. *The Secret Doctrine: The Classic Work, Abridged and Annotated*. Nova York: Jeremy P. Tarcher/Penguin, 2009.

DELL, CHRISTOPHER. *The Occult, Witchcraft and Magic: An Illustrated History*. Londres: Thames & Hudson, 2016.

HENNESSEY, KATHRYN (ed.). *A History of Magic, Witchcraft, and the Occult*. Nova York: Dorling Kindersley Publishing, Incorporated, 2020.

HURST, KATHERINE. "Law of Attraction History: The Origins of The Law of Attraction Uncovered." In: TheLawOfAttraction.com. Visitado em 16/03/2022. Disponível em: thelawofattraction.com/history-law-attraction-uncovered.

RECURSOS MÁGICOS

COMPRAS

Caldeirão Místico
Uma das lojas brasileiras mais completas para os amantes do esoterismo. Instrumentos mágicos, livros, oráculos, estatuetas, cristais, velas, ervas, joias e muito mais. • caldeiraomistico.com.br

Old Religion
Loja oficial do Museu de Bruxaria no Brasil, e uma das primeiras lojas pagãs especializadas em produtos ritualísticos para a prática da Wicca no país, a Old Religion tem acessórios mágicos, decorações especiais, instrumentos ritualísticos, livros e outros itens imprescindíveis para amparar os praticantes de magia brasileiros. • oldreligion.com.br

Loja da Bruxa
Estatuetas, velas, itens para altares, incensos e poções para tornar as práticas mágicas ainda mais especiais. • lojadabruxa.com

Hocus Pocus
Cristais, pantáculos, colheres ritualísticas, pedras e muitos itens que vão deixar o seu altar em perfeita harmonia com a natureza. • hocuspocusloja.com.br

A Bruxa Boa
Para quem precisa renovar os itens mágicos, essa loja é uma boa pedida. Pêndulos, cristais, grimórios, incensários, estatuetas e até mesmo itens decorativos para tornar seu lar mais mágico.
• abruxaboa.com.br

Pan's Apothika
Localizada em Los Angeles, a loja tem centenas de ervas e óleos disponíveis e prepara instrumentos de intenção personalizados. A dona da loja especializou-se em velas ungidas individualmente dentro de recipientes de vidro, geralmente velas de sete dias, uma excelente ferramenta para manifestação de intenções. • panpipes.com

III Crows Crossroads
Localizada na California, essa loja incrível mistura a magia da bruxaria tradicional, o vodu, a santeria e o hudu. Aqui, você encontrará sabão, velas, óleos, kits para feitiços, e muitos outros itens mágicos que ajudarão a iniciar sua jornada espiritual.
• instagram.com/3crowscrossroads

The Olde World Emporium
Esta loja é gerenciada pelo próprio autor do livro e fica localizada em Santa Clarita. Conta com uma vasta coleção de pedras, cristais, livros, decks de tarô e um boticário repleto de tudo o que você precisa para as suas necessidades mágicas. • oldeworldemporium.com

PODCASTS

Life's a Witch (em inglês)
Podcast apresentado por Mystic Dylan e Ivy, onde falam sobre suas rotinas como bruxos — os obstáculos que enfrentam, feitiços e eventos culturais —, além de muitas boas risadas. • Disponível no Spotify

The Witch and the Medium (inglês)
Sou coapresentador deste podcast em parceria com a famosa médium Adela Lavine. Juntos, falamos semanalmente sobre nossos dons, nossas crenças, nossas distinções dentro da prática, nossos conhecimentos sobre diferentes tópicos. e dividimos nossas experiências sobre o sobrenatural. • @thewitchandthemedium & TheWitchAndTheMedium.com

Bigfoot Collectors Club (inglês)
Um podcast paranormal apresentado por Michael McMillian e Bryce Johnson que explora visões fantasmagóricas, folclore, anomalias históricas, o oculto e todo tipo de bizarrice. • @bigfootcollectorsclub

Mystica & Selvagem
Aborda o sagrado feminino e as lunações. Os episódios disponíveis fazem uma jornada pelas treze lunações. • Disponível no Spotify

Magickando
De maneira descontraída e divertida, este podcast fala sobre vários aspectos da bruxaria, da umbanda, da alta magia, da magia do caos, tarô e runas. • Disponível no Spotify

Projeto Mayhem
Podcast brasileiro que aborda alquimia, tarô, astrologia e magia ritualística de uma maneira prática, didática e direta. Todo mês um novo assunto, escolhido pelos apoiadores do projeto. • Disponível no Spotify

Diário da Bruxa
Podcast brasileiro sobre tarô, magia natural e autoconhecimento. Pri Ferraz, apresentadora dos episódios, mantém também um site para compartilhar saberes naturais e místicos com quem deseja viver um dia a dia mais mágico. • Disponível no Spotify

Wicca Triluna
Podcast brasileiro sobre wicca, bruxaria moderna e magia, com muitos episódios especiais sobre ervas. • Disponível no Spotify

Alouca Tarot Podcast
Um olhar sobre o cotidiano através dos Arcanos Maiores e Menores do tarô. • Disponível no Spotify

LIVROS

The Vodu Hudu Spellbook
Material focado no vodu praticado em New Orleans e recheado de história, feitiços autênticos, receitas e muito mais. • Escrito por Denise Alvarado

The Master Book of Herbalism
Um dos melhores livros sobre ervas disponível para os praticantes de magia. Ele oferece informações aprofundadas sobre tradições e costumes, ervas, óleos, incensos, elixires, e seus usos dentro da magia. • Escrito por Paul Beyerl

Encyclopedia of Witchcraft
Item indispensável para os praticantes da arte e de todos aqueles interessados em aprender mais sobre bruxaria. Independentemente do que você estiver procurando — deidades, instrumentos, práticas específicas, histórias —, não importa: este livro terá a informação que você procura. • Escrito por Judika Illes

The Element Encyclopedia of Secret Signs and Symbols
Um ótimo material para pesquisar símbolos que você possa encontrar em cera, em sonhos, nas nuvens etc. • Escrito por Adele Nozedar

Mastering Witchcraft
Esta obra está mais alinhada com a bruxaria tradicional e foca na arte como uma prática. É um item verdadeiramente maravilhoso. • Escrito por Paul Huson

A Bruxa Natural

A autora e fitoterapeuta Arin Murphy-Hiscock mostra o caminho da cura por meio da magia natural das flores, ervas e óleos essenciais. Este livro é um guia indispensável para se conectar com a energia da terra e o poder da natureza. • Escrito por Arin Murphy-Hiscock

Ano Mágico

Descubra fases da lua, deidades, cristais, ervas, pássaros e cartas de tarô que simbolizam cada mês, faça feitiços e rituais para se conectar com a energia que flui ao seu redor. Dance no ritmo da natureza e permita que ela seja sua guia. Um livro especial que convida os leitores a celebrarem as estações do ano com histórias do folclore, festivais e projetos simples e criativos para cada mês. • Escrito por Alison Davies

Bruxa Intuitiva

Um guia indispensável na biblioteca mágica de quem deseja se conectar consigo mesma e com a natureza para aumentar seus próprios poderes de percepção. • Escrito por Temperance Alden

Diário Mágico

Deixe seu ano repleto de encantamentos e desfrute do poder que está presente em cada dia do ano. Uma espécie de agenda mágica com meditações, poemas, celebrações, feitiços e afirmações para aproveitar a beleza de cada dia e se conectar consigo mesma em todas as oportunidades. • Escrito por Deborah Blake

ÍNDICE REMISSIVO

A
adivinhação, 63, 64, 65
afirmações, 27
Afrodite, chá de (Afrodi-tea), 157
água de Vênus, 144
Água (elemento), 113
altares, 66, 75
amarelo (cor), 115
amor-próprio, 40, 41, 42
amuletos, 85, 86
animismo, 78, 79
anjos, números dos, 79
Ano-Novo, 106
Apolo, almofada profética de, 163, 164
aquário (astrologia), 127
Ar (elemento), 111
áries (astrologia), 122
astrologia, 121, 122, 123, 124, 125, 126, 127
aterramento, 57, 58, 59
autoaceitação, 40, 41, 42
autoconsciência, 39, 40
autocuidado, 67
autodescoberta, 42, 43
azul (cor), 117

B
Blavatsky, Helena, 20
blindagem (proteção), 77
bolsa de feitiços, 139
bonecas, 86, 87
botânica, 82, 83
branco (cor), 118, 119
bruxaria, 16, 17, 18, 19, 21, 48, 49, 81, 82
Bucca, 92

C
cadarço do diabo, 167, 168
Calendas de Janeiro, 106
câncer (astrologia), 123
capricórnio (astrologia), 126
cartas, escrevendo, 27
centramento, 55, 56, 57
Ceridwen/Cerridwen, 91
chave-mestra de Hécate, 168, 169
ciência, 32, 33
cinco (número), 130
Circe, 91
cores, 114, 115, 116, 117, 118, 119, 179
correspondências mágicas, 179, 180, 181, 182, 183, 184
cristais, pedras, 77
Crowley, Aleister, 73

D

defumação, ervas para, 141
deidades mágicas, 90, 91, 92
delicioso bolo do diabo, 162, 163
dez (número), 131
Dia de São João, 107
Diana, 91, 99, 119
diário, mantendo um, 25, 26
dias da semana, 103, 104, 105, 184, 185
dois (número), 129
domingos, 105
Doutrina Secreta, A (Blavatsky), 20
doze (número), 131

E

E aí, boneca? (feitiço de impedimento), 158, 159
elementos, 109, 110, 111, 112, 113
Encantamento de Poder Elemental, 143
energias, 21, 22, 23
equinócio de outono, 107
ervas, 180, 181
esbás, 96
escada da bruxa, 140
escorpião (astrologia), 125
escudos (blindagem), 60, 61, 62
espíritos, comunicação com os, 49, 78, 79
estações do ano, 99, 100, 101, 102

F

fases da lua, 96, 97, 98, 99, 183
feitiço de liderança da Senhora do Lago, 152, 153
feitiço do amor número 9, 146, 147
feitiços, 49

Afrodi-tea, 157
água de Vênus, 144
almofada profética de Apolo, 163, 164
cadarço do diabo, 167, 168
chave-mestra de Hécate, 168, 169
criando, 175, 176, 177
delicioso bolo do diabo, 162, 163
encantamento de poder elemental, 143
feitiço de liderança da Senhora do Lago, 152, 153
feitiço do amor número 9, 146, 147
ferramentas, 134, 135, 136, 137
ímã de verbena para manifestações, 145
infusão mágica de manifestação das bruxas, 156
loção lunar de Diana, 155
magia do amor-próprio, 148, 149
óleo triplo de inspiração da deusa Bridget, 154
personalizados, 138, 143
personalizados, 171, 172, 173, 174
ritual de manifestação material de Júpiter, 160, 161
sachê druídico de verbena, 165
feriados, 106, 107
Fogo (elemento), 112
folclore, 21

G

Gardner, Gerald, 17
garrafa da bruxa, 142
gêmeos (astrologia), 123
gratidão, 25, 26
grimórios, 175

H

Hécate/Hékate, 91, 96
Heka, 92
hierarquia das circunstâncias, 52, 53
Huson, Paul, 89, 93

I

ímã de verbena para manifestações, 145
intenções, 21, 52, 53, 54
intuição, 89
inverno, 101
Ísis/Auset, 91

J

jardinagem, 23, 24

L

laranja (cor), 115
leão (astrologia), 124
lei da atração, 19, 20, 28, 29, 30
libra (astrologia), 125
limpeza, 66, 77
Livro das Sombras, 175
Loção Lunar de Diana, 155
lua cheia, 98
lua crescente, 97
lua minguante, 98
lua negra, 98
lua nova, 97

M

Mabon, 107
madrugada, 108
magia
    alta, 48
    definição, 16, 17, 18, 19
    história da, 19, 20, 21
    prática, 36, 37, 38
    razões para usar, 44, 45
    simpática, 22, 23
    magia do amor-próprio, 148, 149
    manifestação
    ciência da, 32, 33
    ferramentas de, 81, 82, 83, 84, 85, 86, 87
    história da, 19, 20, 21
    métodos não mágicos, 23, 24
    prática, 48, 49, 72, 177, 178
    psicologia da, 30, 31, 32
marrom (cor), 118
Mastering Witchcraft (Huson), 89, 93
meditação, 80
meia-noite, 108
meio-dia, 108

N

negatividade, 31
Noite de Santa Valburga, 106
Nostradamus, 53
nove (número), 130
números, 128, 129, 130, 131

O

oito (número), 130
óleos, 82, 83, 182, 183
óleo triplo de inspiração da deusa Bridget, 154
onze (número), 131
oráculos, 89
outono, 100

P

Pasífae, 92
pedras, cristais, 77
peixes (astrologia), 127
período do dia, 108
pôr do sol, 108
potes de adoçamento, 84, 85

preto (cor), 119
primavera, 101, 102
Primeiro de Maio, 106
proteção, 60, 61, 62
psicologia, 30, 31, 32

Q

quadro de visualização, 24
quartas-feiras, 104
quatro (número), 129
quintas-feiras, 104

R

reprogramação mental durante o sono, 27
rituais, 49, 65, 66, 67
ritual de manifestação material de Júpiter, 160, 161
roxo (cor), 117

S

sábados, 105
Sachê Druídico de Verbena, 165
sacos gris-gris, 83, 84
sagitário (astrologia), 126
sal, 77
Samhain, 100, 107
Segredo, O (Byrne), 20
seis (número), 130
sete (número), 130
sextas-feiras, 105
sigilos, 73, 74
símbolos, 74
Smith, Pamela Colman, 92
solstício de verão, 107
spray encantado, 139, 140
substituições, 49, 173, 174

T

talismãs, 85, 86
tarô, 92, 93
terças-feiras, 104
Terra (elemento), 110
Tote, 91, 96
touro (astrologia), 122
trabalho mediúnico, 88, 89
tradições, 20
tradições religiosas, 20, 36
três (número), 129
treze (número), 131
Troward, Thomas, 20

U

um (número), 129

V

Valiente, Doreen, 15
velas, magia das, 76, 179
verão, 102
verde (cor), 115, 116
vermelho (cor), 116
vibrações, 22, 23
virgem (astrologia), 124
visualização, 26, 27

W

Waite, A.E., 93
Wicca, 17, 19, 36, 49, 97

Y

Yule, 107

Z

zodíaco, 121, 122, 123, 124, 125, 126, 127

AGRADECIMENTOS

Gostaria de agradecer a Ashley Popp, Sean Newcott e Rockridge Press pela oportunidade de me permitirem escrever um segundo livro!

Aos meus pais, Steven e Ingrid, ao meu irmão, Al, e à minha avó, Mamãe-gato (também conhecida como Lilian), que sempre apoiaram meu interesse na bruxaria.

A Lana, Leah e Brenna, que me acolheram como se eu fosse parte da família, além de me deixarem jogar as cartas e lançar feitiços a pedido delas.

A Joel Castillo, meu querido amigo que me iniciou no caminho, ajudando-me a me tornar um profissional dentro da bruxaria.

A Heather, Morgan e Steve, que sempre me oferecem muita gentileza e apoio.

A Ivy Hedge, que me ajudou a escrever este livro quando quebrei o dedo e não se importou com as minhas queixas.

A Cyndi, Jess, Vicky da Panpipes, Nyt Myst, Bloody Mary, Adela Lavine, a vários outros mentores e amigos mágicos, e, é claro, aos espíritos e aos meus ancestrais — muito obrigado.